Duas Vidas
O encontro de uma mulher

Bertha Andrade Vidili

Duas Vidas
O encontro de uma mulher

MADRAS®
Espírita

© 2008, Madras Editora Ltda.

Editor:
Wagner Veneziani Costa

Diagramação:
Eight Point Comunicação Ltda.
R. Desembargador Guimarães, 119 — Perdizes — São Paulo/SP
Tel./fax: (0_ _11) 3865-5242

Produção da Capa:
Equipe Técnica Madras

Revisão:
Roseli Fátima Gonçalves
Wilson Ryoji Imoto
Amanda Maria de Carvalho

Dados Internacionais de Catalogação na Publicação (CIP)
(Câmara Brasileira do Livro, SP, Brasil)

Vidili, Bertha Andrade
Duas vidas: o encontro de uma mulher / Bertha Andrade Vidili.
São Paulo : Madras, 2008.
ISBN 978-85-370-0377-0
1. Espiritismo 2. Romance espírita I. Título.
08-06243 CDD-133.9

Índices para catálogo sistemático:
1. Romance espírita 133.9

Proibida a reprodução total ou parcial desta obra, de qualquer forma ou por qualquer meio eletrônico, mecânico, inclusive por meio de processos xerográficos, incluindo ainda o uso da internet, sem permissão expressa da Madras Editora, na pessoa de seu editor (Lei nº 9.610, de 19.2.98).

Todos os direitos desta edição reservados pela

MADRAS EDITORA LTDA.
Rua Paulo Gonçalves, 88 — Santana
CEP: 02403-020 — São Paulo/SP
Caixa Postal: 12299 — CEP: 02013-970 — SP
Tel.: (11) 6281-5555/2959-1127 — Fax: (11) 2959-3090
www.madras.com.br

Índice

Esclarecimento ao leitor 7

Prefácio 9

1ª parte
Degelo — A história de Gwen 11

2ª parte
Melaço da Cana — O diário da jovem Natália 127

Esclarecimento ao leitor

A cada vez que renasce, o Espírito conserva muitas de suas características. Mas, como homem encarnado, ele sofre grande influência da época e do ambiente que o rodeiam.

Assim, a jovem Natália, sinhazinha no Recôncavo Baiano no início do século XVIII, não poderia falar nem escrever como uma pastorinha de cabras que brincava nos Alpes, cento e cinqüenta anos antes.

Natália teve um privilégio que não cabia a quase nenhuma mulher no Brasil colonial: era culta, sabia ler e escrever, tocar cravo e alaúde, falava francês...
E foi de próprio punho que escreveu este diário.

A ruptura no ritmo de linguagem entre a primeira e a segunda partes do livro deixa claro que Natália pertencia à sua época. Seus pensamentos refletem a sinuosidade e redundância do homem barroco. Para entendê-lo, basta-nos lembrar das esculturas de mestres como Aleijadinho, com todas as suas curvas, volumes e profusão de detalhes.

E assim que nos habituamos com a linguagem da mocinha baiana, passamos a reconhecer nela o mesmo anseio de liberdade, o inconformismo com a posição servil da mulher e com os desmandos dos poderosos.

A essência do Espírito de Gwen/Natália permanece inalterada.

Prefácio

Esta é a história de uma mulher.

Na primeira parte ela é Gwen, uma camponesa dos Alpes suíços. Sua movimentada existência passa-se no século XVI.

Na segunda parte ela é Natália, a filha de um senhor de engenho, no Recôncavo Baiano, no Brasil Colônia no século XVIII.

Gwen e Natália — duas vidas, em cenários e universos culturais completamente distintos — mas, na essência, o mesmo espírito, a mesma mulher.

Os grandes temas existenciais se repetem.

As criaturas que a rodeiam, ligadas a ela por laços de amor e por vezes de ódio, também são as mesmas, facilmente reconhecíveis, apenas trocando de papéis.

Gwen/Natália é, sobretudo, o olhar da Mulher aprendendo com a vida — uma alma feminina vivendo sua época e escrevendo — literalmente — a sua história.

1ª parte

Degelo

A história de Gwen

— Ṕara, Zutz!
— Eu paro se quiser!
— Pára antes que você caia no lago!
— Eu sei nadar!
— Muito bem, *herr* espertinho! É uma delícia cair no lago no fim do outono!
— Você parece velha, Gwen!
— Eu sou mais velha que você!
— Grande coisa! Nem tem peito ainda. E pensa que o Will vai olhar para você!
— Quem se importa com o Will?
— Você se importa! Gwen se importa, Gwen se importa!
— Eu vou contar para o Avô!
— Conta! Aí eu conto que você pegou o pão e trouxe para as gaivotas!
— Eu que fiz o pão! E também é só um pouquinho!
— Pouquinho? O avental cheinho?
— Você é malvado, Zutz! Saiba que as gaivotas sentem fome! Você já passou fome. Não é bom, é?
— Desculpa, Gwen!
— Esquece! Vamos voltar! Ouviu? O Avô está tocando a trombeta! Está tarde.
— Gwen, eu estou com frio!
— Acho que neva, hoje ou amanhã.
— Por isso o Avô recolheu as cabras! Vamos correndo?
— Você agüenta?
— Claro, eu sou homem!
— Eu corro mais que você, mesmo com a saia embaraçando!
— É porque você é menina. Quando virar mulher não poderá correr mais!

— E por que não, Zutz?
— É feio!
— Quem disse?
— Todo mundo diz!
— O Avô não diz!
— O Avô já anda meio caduco!
— Quem falou?
— Ninguém falou! Mas ele fica lá, falando com as cabras.
— E daí? Você fala com o Tobler!
— Cachorro é diferente! Você também fala com o Schultz!
— Então por que você acha que o Avô está maluco?
— Ele diz coisas horríveis, Gwen!
— Que coisas?
— Que os santos que mamãe tem no oratório são bonecos de madeira!
— É mentira, Zutz!
— É verdade, Gwen! E ele diz que Jesus não gosta de bonecos vestidos de ouro. Só de música! Por isso ele fica pedindo para o Will tocar!
— Will? E quem não gosta de ouvir o Will?
— E você gosta mais que todos, não é, Gwen?
— Bobo! Corre que a neblina está baixa. Olha no alto, Zutz! Nos picos já está nevando!

Zutz disparou na frente. Gwen fez força para não alcançá-lo. Meninos não gostam que as meninas corram mais que eles.

Quando a porta abriu, o frio entrou aos borbotões. Haviam chegado junto com os primeiros flocos de neve.

— Gwen?
— Sou eu, Mãe!
— Até que enfim. Pensei que ia congelar!
— O Zutz já foi buscar lenha, já já acendo o fogo.
— Bota água para ferver no tacho. O Avô vai precisar de um escalda-pés.
— Ele não devia abusar nessa idade. Está ficando com o sangue empedrado!
— Fala alto, filha. O barulho da roca não me deixa ouvir!
— A senhora devia parar agora, Mãe. Já fiou o dia todo. Já está escuro!
— E faz diferença, Gwen?

— Desculpa, Mãe!
Nova rajada de frio.
— Bênção, Avô!
— Deus te guie, Gwen! Diga alô para a visita.
— Bem-vindo, Will!
— Vai cantar hoje, Gwen?
— Se você tocar...
— Will vai pousar aqui hoje. A nevasca está aumentando.
— Vai ler a Bíblia hoje, Avô?
— Assim que o fogo esquentar.

Gwen gostava de ouvir o Avô lendo. Como ele podia entender aqueles rabiscos? Will também estava aprendendo. Depois Zutz. Mas a Mãe não queria que Gwen aprendesse:
— Ler por quê? Temos os homens para ler para nós!
— E se eles não estiverem lendo a verdade, Mãe? Se estiverem enganando a gente?
— Cale a boca, Gwen!
E a Mãe voltava a fiar, os olhos cegos olhando o nada.
O caldo já estava cheirando quando o Avô começou a ler.
Zutz deitou-se no chão, a cabeça nas costas de Tobler.
O Avô tossiu:
— Pára um pouco com essa roca, filha. Não se ouve nada!
Gwen deu um jeito de se sentar perto do Will. O Avô leu:
— **E o homem deixará seu pai e sua mãe para viver com sua mulher.**
— Eu nunca vou fazer isso!
— É o que você pensa, Zutz!
Gwen começou a tremer. Será que Will ia deixar o pai para viver com ela?
— **E formarão uma só carne...**
A tremedeira aumentou. Will pensou que ela estava com frio e passou-lhe o braço pelas costas.
— Meu Deus, acho que eu vou derreter como aquele boneco que eu e o Zutz fizemos encostado na parede da cozinha. Logo, só havia o chapéu do Avô sobre uma poça d'água. Gwen riu pensando no seu vestido em uma poça d'água e todos perguntando: — Onde se meteu a Gwen?
— Está com frio, Gwen? Acho que você está com febre!

— Não, Will. Acho que é fome. Depois do caldo você vai tocar! (Caldo, caldo e mais caldo. Gwen pensou que devia ter só caldo correndo nas veias!)

Will começou a tocar. Não parecia sentir o esforço de mover o fole.

— Agora canta, Gwen!
— Canta também, Will!
— Deus me livre! Minha voz está pior que a trombeta do Avô!

Realmente, de uns tempos para cá, a voz do Will lembrava o berro dos cabritos que chamavam as cabras.

As cabras pulavam as cercas por causa desses berros. E Gwen também corria na direção de Will quando ouvia sua voz.

— O que eu canto?
— A da cabra que usava sapatos!
— De novo, Zutz?
— Canta, vá!
— Tá bem! Lá vai:

A cabrinha viu a grama
Do outro lado do regato
Para não molhar os pés
Saiu a comprar sapatos

A sapateira espantou-se
Começou a dar risada
— Nunca vi na minha vida
Uma cabra andar calçada

Mas teve pena da cabra
Ao vê-la partir tão triste
Deu-lhe um belo par de botas
Do melhor couro que existe

A cabra subiu a trilha
Toda alegre, saltitando
Ouviu um ruído estranho
— Sua barriga roncando!

— O regato fica longe
Antes vou morrer de fome!
A cabrinha arranca as botas
E em um instante as come!

A cabrinha arrependida
Voltou para a aldeia aos brados
Foi pedir à sapateira
Que lhe desse outros calçados

E por ter coração terno
A bondosa sapateira
Ofereceu à cabrinha
Bons tamancos de madeira

Voltou a cabra ao caminho
Saltando pelos barrancos
Logo depois teve fome
E devorou os tamancos

Novamente muito triste
Voltou para a aldeia aos berros
A sapateira cansada
Deu-lhe sapatos de ferro

A cabra deu meia volta
E ao regato chegou
Quando pôs os pés na água
A pobre cabra afundou

Por pouco, por muito pouco
Escapou de se afogar
Largou o calçado ao fundo
E colocou-se a nadar

Se duvidar da história
E pensar que ela é falsa
Pode ir até o regato:
Verá a cabra descalça!

O Avô se riu:
— Olha só! O Zutz dormiu sem esperar pelo fim!
— É tarde, Avô! E o frio aumentou muito!
— Vão deitar, crianças! Gwen, arrume umas peles para Will.

Quando os três eram pequenos, dormiam juntos, enrolados em grandes peles. Ficavam se cutucando, rindo até estourar. Agora, a Mãe não deixava mais Gwen dormir com os meninos.

— Gwen, você dorme comigo!
— Ah, Mãe!
— É melhor, Gwen!
Até Will! Até ele não a queria mais na mesma cama!
— Por que, Will?
— É melhor, maninha!
— Não sou sua irmã. Não me chame assim. Eu não gosto!

Logo o Avô já roncava. Gwen olhava a luz mortiça do fogo: — "A Mãe é cega — nem vai me ver ir deitar com os meninos".

— Gwen?
— Sim, Mãe?
— Se eu ouvir teus passos à noite arranco tuas orelhas.

De manhã, quando Zutz abriu a porta, um monte de neve caiu dentro da cabana.

— Olha, Gwen! Tem neve até a metade da parede!

A Mãe já estava fiando.

O Avô chamou da cama:

— Gwen! Meus pés estão roxos. Nem posso senti-los. Não posso sair. Chame Will e vão ordenhar as cabras. Tratem do Tuff muito bem. Logo precisaremos atrelá-lo no trenó.

— Não devia mandar Gwen, Avô! Não é melhor Zutz?
— Zutz é pequeno! E Gwen é mais esperta!
— E quem vai fazer o caldo?
— Eu faço, filha!
— O senhor? Isso não é direito!
— Acha que eu não sei fazer um bom caldo? Pensa que na guerra havia alguma mulher para cozinhar para nós?

Gwen saiu pulando como uma cabrita nova — ela e Will! Foi acordá-lo:

— Acorda, dorminhoco, antes que o leite congele nas tetas das cabras!
— Espera um pouco, Gwen! Tô com sono!

Will, tão disposto à noite com o fole! Tão preguiçoso pela manhã!

Gwen pulou em cima dele a fazer-lhe cócegas como quando eram menores. Ele se debatia e os dois morriam de rir. Até que, ao meter as mãos por entre as pernas dele, Gwen levou um susto: ali estava algo que não havia antes:

— O que é isso, Will? O que você tem aí?

Will a empurrou com violência, vermelho. Foi brusco pela primeira vez na vida:

— Sai daqui! Me espere na cozinha!

Gwen fugiu chorando. Na cozinha, o Avô dessalgava um peixe. O barulho da roca zumbia nos seus ouvidos. Will chamou sem olhar para ela:

— Vamos, Gwen!

Nos invernos anteriores, Will sempre a envolvia no seu manto e eles iam juntinhos ao estábulo. Agora, ia na frente de cara fechada. Gwen quase tinha que correr para acompanhá-lo.

Gwen escovou Tuff enquanto Will cortava o feno.

— Você acha bonita a crina do Tuff, Will?

— Claro, por quê?

— Porque é escura, como o meu cabelo!

— Seu cabelo é bonito também!

— Will, por que eu sou diferente? As meninas da aldeia têm cabelos louros!

— Por isso todos sabem quem é Gwen — a menina do cabelo castanho. Lembre-se! Seu pai era romano!

— Eu queria ser linda como a filha do Barão. Sabe, ela é menor que eu e já foi pedida três vezes em casamento!

— Só porque ela é rica!

— Aposto que, se você pudesse, casava com ela!

— Boba! Vem cá, Gwen, se enrole na manta também! Vamos tirar o leite!

O corpo de Will era quente. Não quente como o de Zutz, que dormia com ela na cama. Nem como o da Mãe e o do Avô. Por que será que Will ficara bravo com ela? Gwen lembrava do volume entre as pernas de Will e sentia um aperto no peito. O que era aquilo, meu Deus?

Will passou um pano úmido no úbere da cabra. Estava tão rígido que parecia que ia arrebentar. Gwen passou de leve as mãos sobre os próprios seios: bem que Zutz falou — nem tem peito ainda! Mas Gwen sentia um pequeno volume, qual cerejas, mas já palpáveis. Uma vertigem lhe percorreu o corpo. Quando Will segurou o úbere da cabra e o apertou com força, Gwen deu um grito e a neve a seus pés revelou pingos de sangue.

Gwen correu para a cabana feito louca. Gritou para a Mãe:
— Mãe, estou sangrando! Vou morrer!
A cega respondeu sem parar de fiar:
— **E Deus disse à mulher: "Pagarás com sangue pelo teu pecado!"**
Histérica, Gwen pôs-se a berrar e a quebrar a louça e tudo que via. O Avô veio, arrastando os pés envoltos em panos.
— Gwen! Calma! O que há?
— A Mãe diz que estou sangrando pelo meu pecado. Mas eu não pequei! É verdade. Eu quis que Will me segurasse os seios, mas eu nem tenho seios! E ele nem percebeu!
— Sossega, pequena! Senta no meu colo, vamos conversar!
— Não a ponha no colo, Avô! Ela não é mais menina! É uma mulher!
— Cala a boca, filha! Creio que tua cegueira é mais do coração do que da vista!
Gwen soluçava desesperada, agarrada ao Avô:
— Eu vou morrer?
— Não, Gwen! É a lei do mundo! Ao deixar de ser menina, toda mulher sangra alguns dias no mês. Não acontece só contigo, mas com todas. Até as cabras, gatas e cadelas!
— E quem fez isso acontecer, Avô?
— Foi Deus, Gwen!
— Mas só as mulheres? As cabras, as cadelas, as gatas? Por que não os homens, os bodes, os cães, os gatos? Por que Deus fez isso, Avô?
— Não sei, querida! Talvez porque Deus seja Homem!
Gwen acordou depois de três dias de febre. Sentia uma pressão tão forte no peito que pensou que sufocava. Viu o Avô dormindo ao lado da cama.
— Socorro, Avô! O maldito está me apertando o peito!
— Não fale assim do pobre Schultz. Ele é apenas um gato velho e gordo. Só quer ficar junto do seu coração!
Gwen riu e afastou o gato:
— Schultz, seu bobo! Não podia deitar em outro lugar?
— Avô?
— Fala, querida!
— O senhor ficou aí, o tempo todo?
— E onde mais eu ficaria?

— E as cabras, Avô?
— E minha neta há de valer menos que cabras? Will cuidou delas estes dias. Partiu hoje cedo.
— Partiu? Nem se despediu de mim?
— Ele tocou ao seu lado, antes de ir!
— E Zutz, Avô?
— Está lá fora brincando com o tobogã.
— Avô, eu tenho que ir ao lago!
— Está louca, filha!
— As gaivotas! Devem estar morrendo de fome. Tenho que levar pão para elas!
— Escuta, Gwen: gaivotas sabem se cuidar. Vem agora tomar um caldo que também você está muito fraca.
— Mas o que as gaivotas vão comer, com o lago congelado?
— Elas vão buscar outros lagos!
— Mas todos estão congelados!
— Gwen! Existem terras onde nunca faz frio.
— Ah, Avô! Eu bem que queria morar em um lugar assim. Mas não acredito que exista!
— Você não ouviu falar nas terras novas?
— Que terras, Avô?
— Os portugueses, Gwen! Eles descobriram um Novo Mundo onde faz sol o ano inteiro. As aves cantam do inverno à primavera. As fontes e cascatas jamais congelam e a terra dá tudo o de comer!
— Avô! Eu quero morar nessa terra!
— E por que não, Gwen? Quem sabe um dia...
— E o senhor vai comigo?
— Pode apostar! Se você for eu estarei lá!
Gwen abraçou o velho.
— O senhor é o melhor Avô do mundo. E o mais sabido também. Como sabe disso tudo?
— Eu li em uns papéis do Barão, na aldeia.
— Deve ser bom ser homem e saber ler...
— Você gostaria de saber, Gwen?
— Mais que tudo, Avô!
— E por que nunca me disse?
— Sei lá! Pensei que era errado, ou que eu não conseguisse...
— Olha, você está doente e não pode sair na neve. Enquanto se recupera, vou lhe ensinando a ler.

— E a escrever, também?
— E por que não? Alguém precisa escrever a história deste Velho Mundo.
Gwen aprendeu tão depressa que surpreendeu o avô.
— Gwen! Você me enganou! Já sabia ler e não me disse!
A cega resmungava, sem parar a roca:
— Avô! Não devia encher a cabeça da menina!
A aluna e o professor cochichavam:
— Avô, por que nunca ensinou minha mãe a ler?
— Eu tentei. Ela não quis. Disse que não ficava bem. Mas vou contar um segredo.
— Conta, Avô!
— Sua mãe sabe ler. Aprendeu sozinha e lia escondido. Fingia que não sabia!
Zutz também aprendia. Às vezes, os irmãos brigavam por causa de uma passagem da Bíblia:
— Matusalém viveu 700 anos! Está escrito!
— Não seja bobo, Zutz! É só modo de dizer. Ninguém vive tanto tempo!
— Meninas não entendem nada!
— Eu leio melhor que você!
O Avô ria:
— Vejam só, o Schultz dormindo em cima do Tobler! Vocês é que parecem cão e gato.
— Gwen, a neve está aumentando! Vá olhar se a manta do Tuff está bem colocada!
— Estou indo, Avô!
Tuff não estava coberto. Suado, forçava as tábuas da cocheira para chegar perto de Fraulein, a égua do pai de Will que estava na baia ao lado.
Logo Tuff, tão dócil! Gwen nunca o vira assim inquieto, resfolegando. E então olhou no meio de suas pernas.
E lá estava! Algo que não havia antes! Enorme, vivo, palpitante!
E então não era Tuff. Era Will. E não era Fraulein, era ela. E em um instante Gwen entendeu tudo o que não havia entendido antes.
— Avô, eu queria perguntar uma coisa...
— À vontade, Gwen!
— Por que minha mãe é cega?
— Ela nunca lhe contou?

— Eu nunca perguntei, Avô. Tenho pena dela!
Zutz correu para perto:
— Posso ouvir, Avô?
— E por que não? É a história de vocês!

— Certa vez, um rico mercador de Roma veio à nossa terra à procura de cabras de alto escalão. Logo lhe disseram que as melhores que existiam eram as minhas.

O mercador, que era muito jovem, veio à minha procura e comprou um grande lote de cabras. Já ia partindo quando deu com os olhos na mãe de vocês.

Não por ser minha filha, mas Herta era a moça mais bonita do lugar. Branca como a neve, cabelos como o pôr-do-sol. E então, o jovem mercador me disse:

— Senhor, não parto mais, ou não terei sossego. Aqui fico e aqui criarei as cabras.

Casaram-se na aldeia dentro de dez dias.

Passados nove meses, você veio à luz, Gwen, linda como a mãe, morena como o pai.

Juro, por cada floco de neve que cai, que jamais vi casal tão feliz. Sempre rindo, se beijando, cantando.

Logo depois, Zutz estava a caminho. Mas então houve a guerra — uma das guerras. E os aldeões vieram nos buscar, para defender nosso cantão. Eu queria ir, mas Giacomo, era esse o nome do seu pai, não permitiu:

— Fica, Avô! Cuida delas até que eu volte. Esta terra é agora a minha. Mas eu volto! Herta, me espere! Deixe acesa a candeia na porta!

Passaram muitos dias e a sua mãe andava meio louca. Uma manhã ela sumiu e reviramos céus e terras atrás dela.

Dias depois, Tobler a encontrou caída no meio da neve. A poucos metros, jazia o cadáver congelado de Giacomo, mas Herta não podia vê-lo. O sol refletindo-se na brancura da neve, a cegara para sempre!

— Avô, a minha mãe ficou cega buscando meu pai?
— Ela não foi a primeira, Gwen! E nem será a última mulher a ficar cega pelo amor de um homem!
— Gwen!
— Senhor?
— Faz três dias que não neva! Amanhã eu vou à aldeia vender os queijos!
— Vai sozinho, Avô?
— Estava pensando em levar você e Zutz!
— Mas a Mãe não pode ficar sozinha!
— Tudo bem, Grubb vem ficar com ela!

Gwen ficou pensando: o pai de Will... quem sabe agora a mãe se decidia...

— Aposto que ele vai pedi-la de novo em casamento!
— Fala baixo, Zutz!
— Por quê? Ele a pede cada vez que vem aqui!
— Os viúvos sempre querem casar de novo!
— Mas a Mãe é viúva e não quer!
— Eu disse viúvos e não viúvas, Zutz!
— Ela é uma boba, Grubb é ótimo. Sabe fazer trenós como ninguém! E sempre traz presentes! Você já viu como ele olha a Mãe? Ele a ama, Gwen!
— Tem razão. Se ela visse o amor no rosto dele, aposto que se casava. Mas ela é cega, Zutz, por isso não aceita!
— Seria tão bom, não é, Gwen? Will seria nosso irmão!
— É. Ele ia morar aqui, não ia mais embora. Eu ia adorar, Zutz!
— Ele ia tocar para nós todas as noites!
— E íamos dançar!
— Você ia precisar de um namorado, Gwen!
— Por quê? Will estaria aqui!
— Você é burra, Gwen? Ele seria nosso irmão! Irmão e irmã não podem namorar!
— Então eu não quero que a mãe case com o Grubb.

O trenó descia suave. O Avô ia na boléia. Gwen cochichou para Zutz:

— Troca de lugar comigo!
— Só pra ficar perto do Will!
— Cale a boca e troca, Zutz!

— Só se você cantar uma música!
— Eu canto. Agora troca!
Gwen sentou-se entre os dois meninos. Will ajeitou a manta em volta deles.
— Gwen prometeu que ia cantar!
— Já sei! Quer a da cabra outra vez!
Will passou os braços pelas costas de Gwen:
— Não, hoje canta uma bem diferente!
— Qual?
— A da fruteira!
— Essa não! Tenho vergonha!
— Canta, Gwen! O Avô é meio surdo. Nem vai perceber!
Will puxou Gwen um pouco mais perto:
— Canta para mim, Gwen!

Ia a bela Fruteira
Com a cesta carregada
Encontrou belo rapaz
Por quem andava apaixonada

— Senhor, veja as framboesas
Não existem mais rosadas!
O rapaz se aproximou
Beijou-lhe as faces rosadas!

— O que existe mais doce
Que essa bela cereja?
O rapaz toma a Fruteira
E seus doces lábios beija.

— Pêssegos não lhe ofereço
São tão pequenos, são feios!
— Aprecio como são!
E lhe acaricia os seios.

— A pêra está bem macia
deve estar quase madura!
— Venha cá bela Fruteira!
E lhe enlaça a cintura.

— Provaste já a maçã,
a fruta do paraíso?
— Fruteira vamos ao padre
antes que eu perca o juízo!

Foi assim o casamento
Do rapaz com a Fruteira
E até hoje eles vivem
Só de fruta a noite inteira!

Zutz riu, já meio dormindo.

Gwen sempre tinha vergonha de cantar essa canção. Não teve coragem de olhar para Will. E então percebeu que a mão dele lhe descera do ombro e acariciava o seio que começava a crescer.

Ao descer do trenó, Gwen sentia tanto calor que não quis entrar com o Avô e os meninos no depósito. Preferiu andar pelas ruas para ver se o ar frio a refrescava.

De repente, sentiu uma forte pancada na cabeça.

Como neta de pastor que era, Gwen gritou um nome feio. Aí viu o objeto que a havia atingido: um ovo de madeira, ricamente pintado — brinquedo de gente rica! Olhou em volta à procura do agressor e deu com uma cabecinha ruiva olhando por sobre um muro de pedra.

Era a menina mais linda que Gwen já havia visto. Mas não era linda como um anjo. Como uma fada, podia ser. Isso mesmo! Uma daquelas fadinhas das flores, lindas, mas malvadinhas, que se divertem cavalgando abelhas e puxando as barbas dos duendes.

Havia um brilho de malícia nos olhos da ruivinha. Gwen meteu as mãos na cintura:

— Muito bem, posso saber quem me atirou esse ovo de madeira?

— Fui eu, por quê?

— E posso saber por quê?

— Porque eu quis!

— E isso é motivo?

— Você conhece algum melhor?

— E só porque é marquesa ou coisa assim...

— Baronesa!

— E daí? Parece um faisão arrepiado! Vem pra cá e brigue como mulher!

A baronesinha saltou o muro e caiu como uma leoa em cima de Gwen.

Tinham quase a mesma idade. Gwen pensava que as meninas ricas fossem moles, mas a baronesinha era osso duro de roer.

— Arranco-lhe já esse penacho vermelho!

— Eu que te arranco essas penas de corvo!

Gwen odiava que lhe falassem dos cabelos escuros. Meteu as unhas na baronesinha, que, por sua vez, cravou-lhe os dentes.

O barulho atraiu Zutz e Will:

— Dá-lhe, Gwen!

— Ensina essa pata-choca!

A ruivinha largou Gwen e voou em cima de Zutz, que precisou fugir antes de ficar todo lanhado.

O Avô e o Barão chegaram correndo:

— Gwen!

— Frida!

O Avô estava apavorado. Gwen acabava de estragar-lhe todos os negócios. Espancar a filha do Barão! Estavam perdidos. O Barão virou-se para ele:

— Essa menina é sua?

— Perdão, senhor! É minha neta. É meio brava mas é uma boa menina, sabe...

— Quieto! Há tempos busco uma dama de companhia para Frida. Nenhuma garota a suporta! Creio que agora encontrei!

— Senhor!

— Avô! Ordeno que sua neta fique aqui desde agora até o fim da primavera para brincar com a minha filha!

O Barão era um homem estranho. Seu passatempo era domesticar feras. Tanto que tinha um enorme tigre em um cercado e mais um casal de leões e dois lobos que andavam livres pelos jardins. Frida era a única fera que ele não amansara ainda.

Assim, trancou as duas meninas em um enorme salão de brinquedos e foi falar com a esposa.

A Baronesa estranhou um pouco:

— Será certo ter uma pastorinha agressiva, briguenta e que berra nomes feios como companhia para nossa filha?

— E quem seria melhor companhia para uma baronesinha agressiva, briguenta e que grita nomes feios?

A Baronesa riu. Ela também era uma mulher estranha. Passava os dias inventando melodias em um virginal ou na espineta.

Ninguém jamais a vira bordar, fiar, ou fazer qualquer serviço de mulher.

E embora escrevesse muito, nunca foi vista fazendo o rol das roupas sujas ou copiando uma receita.

No primeiro dia, Gwen e Frida se agrediram com todos os objetos que tinham. Frida partiu ao meio uma cadeira nas costas de Gwen, que moeu uma boneca de louça na cabeça da baronesinha.

No segundo dia, morderam-se, arranharam-se e arrancaram-se os cabelos.

No terceiro dia, trocaram apenas tapas e no quarto, limitaram-se a berrar ofensas uma para a outra.

E, finalmente, no quinto dia entraram em acordo, passando a divertir-se com bexigas de porco cheias de água que atiravam pela janela, na cabeça dos passantes.

O Barão, então, deixou-as sair para brincar no jardim.

A princípio, Gwen teve medo dos leões, mas depois acostumou-se.

As duas corriam pelas alamedas quando Frida gritou:

— Ei, Gwen! Venha ver!
— Uma cotovia!
— Está morta! Deve ter sido o frio!
— E agora?
— É melhor cuidarmos do funeral!
— Dá para arrumar um caixãozinho?
— Vamos chamar Johan e Joseph!
— Quem?
— Os gêmeos! São filhos de um servo. Sempre fazem o que eu quero!

Johan e Joseph eram do tamanho de Will, de um louro transparente e absolutamente iguais. Gwen pensou que jamais os distinguiria.

Em pouco tempo a ave já estava amortalhada e acomodada no caixão, em torno do qual ardiam velas.

— Johan, toque algo bem triste na sua flauta!

Enquanto Johan tocava, os outros três se puseram a fazer bonecos de neve, pequenos como as aves, em torno do velório. Fizeram mais de trinta, com braços de raminhos e olhos de bolotas.

Finalmente, Johan cavou um buraco e o cadáver foi sepultado. Frida fez um discurso:

— Estamos aqui para dar adeus a uma grande alma. Morreu por pensar que poderia cantar em pleno inverno! Mas os Senhores da Neve o puniram cruelmente com a morte!

Gwen pôs-se a berrar:

— Veja, os Senhores da Neve se aproximam! Nem sequer respeitam o defunto!

— Vingança! Vingança contra os monstros que não permitem às cotovias cantarem no inverno!
Enquanto os meninos bombardeavam os bonecos com bolas de neve, Frida os decapitava com uma foice. Gwen os espetava no peito com uma vara, tudo por entre gritos e pulos.
Pela janela, o Barão e a Baronesa observavam:
— Viu, querida? Eu estava certo! Lá estão as duas, brincando como crianças inocentes que são!
O humor de Frida variava muito. Por vezes, queria Gwen sempre junto a si, fazendo-a cantar dezenas de canções ou obrigando-a a ouvir por horas a fio os seu relatos.
Em outros dias, trancava-se no quarto e não falava com ninguém. Uma vez em que Gwen insistiu em entrar foi atingida pelos dejetos do vaso noturno.
Nesses dias, Gwen perambulava solitária pela imensa propriedade do Barão.
Johan e Joseph não podiam largar o trabalho, a não ser por ordem de Frida, e Gwen ficava sem companhia.
Em uma dessas tardes tristes, Gwen ouviu um som maravilhoso vindo de uma das salas.
Aproximou-se e abriu uma fresta da porta: era a Baronesa que tocava a espineta. Gwen estava tão maravilhada que nem percebeu quando a senhora parou e pôs-se a olhar para ela. Ao dar conta, quis fugir. A Baronesa chamou:
— Gwen!
— Sim, minha senhora!
— É esse seu nome, não é?
— Sim, minha senhora!
— Onde está minha filha?
— No quarto, trancada, senhora!
— E você veio ouvir a música?
— Sim, senhora! Porque achei muito bonita!
— Gosta de música, Gwen?
— Muito, senhora! Will sempre toca para nós e eu canto!
— Cante para mim, então, Gwen!
— Não posso! Nunca cantei para uma senhora!
— Quero que cante, Gwen!
Gwen sentou-se no chão e pôs-se a cantar. A Baronesa pôs-se a acompanhá-la na espineta.

A montanhesa deixou sua cabana
E foi servir à rainha
Mas deixou a sua terra
E os amores que ela tinha.

A montanhesa já não mais tomava caldo
Passava a faisão e perdiz
Mas não tinha mais sorrisos
Já não era mais feliz

Ouvia cristais tinindo
E os toques de espinetas
Mas queria o balir das cabras
E o troar das trombetas

A montanhesa casou
Com grande e rico senhor
Mas sonhava toda noite
Com seu pequeno pastor

Não usava peles cruas
A cobrir sua nudez
Apenas sedas e rendas
Roupa nova a cada mês

Vivia por entre jóias
Mas não queria viver
E assim a montanhesa
Vivia só pra morrer

E ao morrer a montanhesa
Teve surpresa tamanha
Ao saber que o paraíso
Ficava em sua montanha

A Baronesa estava com lágrimas nos olhos. Gwen ficou vermelha:
— Desculpe, senhora! Acho que fui grosseira!

— Você canta muito bem, Gwen! Quero que venha cantar comigo todas as tardes. E farei com que aprenda música. Sabe ler?
— Sim, senhora. O Avô me ensinou!
— Muito bem! Espero você amanhã!
Gwen pisava em nuvens quando entrou na cozinha. Uma criada perguntou:
— Estava com a patroa?
— Ela me convidou para cantar com ela toda tarde!
— A Baronesa não merece o título! O que pode se esperar de uma mulher que toca para que os criados cantem?
— Muito!, gritou Gwen. E a partir daquele instante sabia que havia encontrado um anjo em sua vida.
— Frida?
— Sim?
— É verdade que você já foi pedida três vezes em casamento?
— É, por quê?
— E você não aceitou?
— Gwen, meu pai é um nobre brincalhão, mas não é tolo. Ele sabe que quem quer casar com uma menina do meu tamanho e com meu gênio só está pensando em ouro!
— Foi ele, então, que não quis?
— Meu pai acha que as mulheres têm o direito de escolher os seus maridos. Ao menos as mulheres ricas.
— E a sua mãe?
— Ela quer que eu estude e leia. Diz que assim escolherei o homem certo ou talvez descubra que nenhum homem é certo!
— E você?
— Eu? Que me importa? Afinal, nem sou mulher.
— Como assim?
— Como diz Ethel, minha insuportável governanta, Deus ainda não me abençoou com o sangue da fecundidade!
— Sorte sua! É uma amolação ter que andar com toalhas entre as pernas!
— Gwen, você é moça?
— Sou, por quê?
— Conte tudo. Dói? Sabe, eu ando sentindo coisas estranhas, calores, arrepios, vontade de rir e de chorar... Será que logo vou sangrar?

Gwen contou a Frida como havia acontecido. A proibição da Mãe que ela dormisse com os meninos, as cócegas em Will e o volume entre suas pernas.
— Gwen, eu preciso experimentar isso!
— Como?
Frida soou a sineta do quarto. Quando o lacaio veio, ordenou:
— Diga a Johan e Joseph que venham imediatamente!
Os quatro entraram no galpão de ferramentas. Nevava muito. Ethel nem poderia sonhar que sua pupila havia saído.
Frida cochichou para Gwen:
— Qual dos dois você prefere?
— Tanto faz! São iguais!
— Você sabe beijar?
— Não. E você?
— Vi uma gravura em um livro.
Chamou um dos gêmeos.
— Johan! Eu quero que você me beije!
— Mas baronesinha...
— Você fala demais, Johan!
Joseph viu o irmão beijando a ruivinha e tratou de ir beijando Gwen. Ela pensou em Will, mas quem sabe era melhor estar treinada para o dia em que ele a beijasse.
Gwen sentiu uma pontada de nojo no início mas depois um calor suave invadiu seu corpo e ela enlaçou Joseph.
Então ficaram os quatro se encarando:
— Gostou, Gwen?
— Acho que sim! E você?
— Não sei. Fiquei curiosa...
— Como assim?
— Será que os gêmeos são mesmo exatamente iguais?
— E eu sei, Frida?
— Olha, vamos trocar. Agora eu beijo Joseph!
Quando Johan a apertou contra si e a beijou, Gwen sentiu um calor muito maior. Era como se seu corpo inteiro participasse do beijo. E também ela percebia que um beijo não era tudo o que ela queria. Se era tão bom com Johan como seria com Will?
Frida chamou:
— Vamos, Gwen! Olha, eu gostei mais assim. Você se incomoda se eu ficar com Joseph?

— Para mim, está tudo ótimo!
— Então vamos. Ethel está berrando feito louca. Deve ser a serpente que pus no seu tear!

Ethel era a vítima preferida de Frida. Sempre apareciam aranhas em suas meias, ou os degraus de seu quarto estavam ensaboados ou havia ruibarbo no seu caldo.

— Por que você trata assim sua governanta?
— Você quer que eu trate bem uma mulher que quer me obrigar a fiar e bordar e preparar-me para o casamento?
— Todas as mulheres são assim!
— Minha mãe não é!

O Barão mandou que a costureira fizesse roupas novas para Gwen. Ethel veio buscá-la para as provas bem quando Frida tentava convencê-la:

— Vamos, Gwen! Por que não posso amarrar uma bexiga com água gelada na porta de Ethel para lhe dar um banho quando entrar?
— É muita maldade, Frida!

A conversa foi adiada e Gwen seguiu a governanta até a sala de costura. Era uma tortura ficar quieta enquanto a costureira apertava aqui e soltava lá. Ethel, que assistia a tudo, comentou secamente:

— Essa menina não tem classe!
— Eu não preciso de vestidos novos. Tenho os meus. Não sei por que me obrigam a usar outros.
— Já que somos obrigados a agüentar a neta de um pastor não temos que agüentar seus trapos sujos!
— Suja é sua língua de trapo!
— Cale a boca, cabreira! Eu sei da sua má conduta com os gêmeos!
— Nunca fiz nada que Frida não fizesse!
— Você é burra mesmo, pobre Gwen! Se algo acontecer a Frida, o Barão logo lhe arrumará um marido rico! Quanto a você, só resta ser mulher de porta aberta na aldeia!

Gwen arrancou o vestido alinhavado e correu de camisa para o salão de brinquedos:

— Frida, você ainda quer jogar uma bexiga com água gelada em cima de Ethel?
— Não! Mudei de idéia!
— Oh, não! Por quê?
— Acho que é melhor encher a bexiga com sangue de porco!

— Pode contar comigo!
Todas as tardes Gwen ia cantar com a Baronesa. A senhora lhe ensinava a respirar nos momentos certos, a colocar a voz mais alta, a pronunciar as palavras.
Gwen ouvia as criadas caçoando na cozinha.
— Senhora, por que riem de nós?
— Gwen, as criadas não respeitam uma patroa que não repara se há pó no alto das estantes ou teias de aranha pelos cantos!
— Mas a senhora é uma artista!
— Ouça, pequena. As mulheres fingem que desprezam as mulheres que sabem conversar de igual para igual com os homens. No fundo, elas as invejam!
— A senhora é assim, não é?
— Gwen, não há nada que se temer dos homens. Eles são tolos. Só percebem algo muito depois de nós termos percebido. Isso nos dá uma grande vantagem!
Frida, que escrevia a um canto, comentou:
— Sim! A de sabermos que podemos enganar um homem no momento que quisermos!
Gwen lembrou-se de sua mãe, cega pela neve, fiando sem parar, e sentiu um terrível nó na garganta.
Frida passava horas a fio escrevendo. Depois lia para Gwen o que escrevera.
— Suas histórias são horríveis! Todo mundo morre no final!
— Claro, senão não teria graça!
Gwen tomava as refeições na cozinha com os criados. A Baronesa a convidara para comer na sala, mas ela não quis. Gostava de comer com as mãos e em grandes bocados. Na mesa dos patrões, Ethel a regulava e ela acabava saindo com fome.
Johan sempre se sentava a seu lado e passava toda a refeição a apalpar-lhe as nádegas e acariciar-lhe as pernas.
Um dia, Gwen resolveu revidar e pôs-se a apertar-lhe o volume entre as pernas.
Johan ficou vermelho, engasgou e não conseguiu mais comer. Saiu correndo da mesa. Gwen foi atrás.
— Johan, está bravo comigo?
Ele a espremeu contra a parede e pôs-se a beijá-la. Arfava como um cão de trenó ao fim do dia.
— Vamos até o fim, Gwen?

— Que fim?
— Eu ensino. Agora vem!
Gwen não entendeu direito. Lembrou que seu prato estava esfriando e correu de volta para a cozinha, deixando Johan mudo de espanto.
O caso do sangue de porco foi demais até para o Barão e a Baronesa.
Frida e Gwen ficaram de castigo no quarto por três dias.
No primeiro dia ficaram só conversando sobre os meninos.
— Sabe, Gwen, eu descobri o que os meninos têm entre as pernas!
— Como, Frida?
— Mandei Joseph me mostrar!
— E ele mostrou?
— Claro, ele é meu servo!
— E como é?
— Meio estranho, parece vivo. E você nem imagina...
— O quê?
— Os meninos também têm pêlos!
— Está brincando!
— Verdade, Gwen! Pede para o Johan te mostrar!
— Não posso, Frida! Eu não sou patroa!
No segundo dia, passaram todo o tempo arquitetando vinganças diabólicas contra Ethel.
No terceiro, puseram-se a brincar com os blocos de madeira colorida da baronesinha e construíram uma cidade.
Assim que a construção estava pronta, Frida pôs-se a berrar:
— A tempestade está destruindo a cidade. Veja, as casas estão desabando e soterrando todo mundo!
As meninas passaram a girar derrubando parte da cidadezinha com as saias.
— Veja, Gwen! Um raio atingiu a torre da igreja e outra parte da cidade se incendiou!
Com uma chama da lareira, incendiaram parte dos blocos gritando e rindo.
Quando Ethel entrou no quarto e o encontrou em chamas, pôs-se a berrar feito louca.
— Veja, Gwen! O Gigante malvado veio atacar o que resta da cidade! Vamos destruí-lo!

A pobre Ethel mal teve tempo de precipitar-se pela escada sob a chuva de blocos de madeira.
Nesse dia, as meninas passaram sem jantar. Mas não ficaram sem comer. Com uma escada de madeira, os gêmeos lhes levaram assado pela janela e puderam ainda trocar alguns beijos.

Duas vezes na semana, Frida tinha aulas de espineta com o mestre de capela da aldeia.
Eram horas de alívio para a pobre Ethel e de suplício para o infeliz mestre, que se tornava a vítima da ruivinha.
O Kapel Meister era um jovem franzino, irritadiço e, se tinha grande talento como músico, não tinha o menor jeito para ensinar.
Assim que entrava na casa do Barão, o jovem mestre começava a suar frio pensando na peça que a baronesinha estaria lhe preparando.
Nada lhe causava mais horror do que aranhas passeando pelo teclado. Até podia suportar os pregos na almofada ou caldo quente. Mas aranhas lhe pareciam um requinte de crueldade.
Mas o Barão pagava — e pagava bem — e assim o jovem mestre se resignava.
Certa tarde, porém, Frida extrapolou sua própria criatividade.
Recheou a espineta com costeletas e deixou aberta a porta que dava para os jardins.
Atraídos pelo cheiro, o leão e a leoa precipitaram-se sala adentro, pulando sobre o instrumento.
O estardalhaço fez a Baronesa vir correndo, encontrando o pobre professor à beira da histeria.
Precisou dar-lhe muitos cálices de conhaque até que ele estivesse em condições de conversar. Então a Baronesa tomou uma decisão:
— Mestre, desculpe, mas como pode ver, minha filha não tem o menor talento para música. Estas aulas têm sido uma perda de tempo para ela e para o senhor.
O pobre Kapel Meister, que não podia dispensar a quantia que o Barão lhe pagava, ficou desnorteado:
— Mas senhora... creio até que Frida tem certo talento. Talvez lhe falte maturidade...
— Caro mestre. Não o estou dispensando. Apenas trocando sua pupila. Vê essa garota de cabelos escuros? É Gwen, dama de companhia de Frida. É a ela que o senhor ensinará de hoje em diante.

O professor estava um tanto contrariado. A neta de um pastor não é exatamente igual à filha de um barão.

— Asseguro-lhe, mestre, que Gwen tem muito mais talento musical que minha filha. Pagarei a mesma quantia e o senhor nada perderá!

E assim, um mundo novo abriu-se para Gwen, que contava os minutos para poder sentar-se à espineta, e em pouco tempo surpreendeu o mestre e a todos que a ouviam com a beleza de sua música.

FRIDA BRINCAVA de acertar flechas em uma maçã na cabeça de Gwen quando Ethel entrou e disse com desprezo:
— Cabreira! Seu Avô veio vê-la!
Gwen saiu correndo, derrubando a maçã e deixando Frida a berrar nomes feios.
O Avô a esperava no pátio. Gwen pulou em seu pescoço.
— Filha! Como você cresceu!
— Senti sua falta, Avô! Sua e de todos!
— Você não gosta daqui? A baronesinha judia de você?
— Não, Avô. Eles são bons. A Baronesa parece um anjo. Mas sinto falta de tudo, do Zutz, da Mãe, do Will, do Tobler, do Schultz e até do caldo!
— Dei minha palavra que a deixaria até o fim da primavera!
— A primavera ainda nem começou, Avô!
— Você não é prisioneira, Gwen! Pode ir visitar-nos!
Só então Gwen reparou em Zutz a um canto. Correu para abraçá-lo.
— Você ainda é minha irmã, Gwen?
— Claro, Zutz! Que bobagem!
— Pensei que agora você fosse irmã da ruivinha assassina.
— Frida é boa, Zutz. Você vai gostar dela, se brincar com ela!
— Deus me livre. Não quero virar peixe em postas!
Frida entrou no pátio e Zutz se escondeu atrás de Gwen.
— Esse boboca é seu irmão?
— Eu disse a ele que você era boa, Frida!
Frida deu uma gargalhada. Mas depois ofereceu a Zutz uns confeitos que trazia em um saquinho. Começaram a conversar e então o Avô avisou a Gwen:
— Will está lá fora!
— Will, aqui?
E Gwen saiu para o frio do jardim.

— Will?
— Belo vestido, Gwen!
— Gostou?
— Gostei, mas não em você!
— Por que, Will?
— Ficaria bem na baronesinha! Você parece outra.
— Gosto de você, Will!
— Não acredito!
— Verdade. Pergunte à Baronesa. Ela até quer que você venha tocar para ela!
— Verdade, Gwen?

Gwen segurou Will e beijou-o. Achou estranho. Como podia gostar de beijar Johan se era a Will que amava?
— Onde aprendeu a fazer isso, Gwen? Alguém abusou de você?
— Não seja bobo. Venha. Quero que toque para a Baronesa!

Ethel mal respirava, como se a presença dos montanheses empesteasse o ar da sala. Mas a Baronesa estava emocionada:
— Que maravilha, Will! Gwen não exagerou. Você é um artista. Há mais beleza nesses instrumentos populares do que poderíamos supor!
— Obrigado, senhora!
— Quero que venha sempre tocar para nós. Promete?
— Sim, senhora!
Frida, que assistia de olhos arregalados, acrescentou:
— Venha sempre, Will. Vou adorar!
E pela primeira vez, depois de muito tempo, Gwen sentiu novamente vontade de arranhar a cara da baronesinha.

Gwen andou emburrada alguns dias. Frida ficou intrigada:
— Que bicho mordeu você, Gwen?
— Pensa que eu não vi o jeito que você olhou para o Will?
— O quê? Pois fique sabendo que eu não queria seu abanador de fole nem de presente!
— Ah, é assim? Então acha que ele serve para mim e não serve para você?
— Espera aí, Gwen! Primeiro você quer que ele não me sirva. Depois se ofende se digo que não serve!
Gwen ficou sem graça.

— Desculpe, Frida. Eu ando meio nervosa. Acho que é porque estou naqueles dias!
— Que azar! Eu ia convidá-la para patinar no lago!
— Verdade? Puxa, o Avô sempre me faz patins de madeira. Faz um ano que não patino. Vamos, lá, Frida! Não vai fazer mal!
— Vou mandar chamar os gêmeos.
Joseph amarrava os patins nos pés de Frida.
— Você não sabe fazer isso sozinha?
— Claro que sei, Gwen! Mas por que faria se tenho quem faça por mim?
Começaram a patinar pelo laguinho do jardim. Ethel vigiava os pares, tiritando em um banco de pedra.
Johan começou a apertar mais a cintura de Gwen:
— Não aperte, Johan!
— É que está muito frio!
O calor do corpo de Johan era agradável. A sua respiração na orelha e no pescoço também.
— Sabe Gwen, acho que sou muito mais sortudo que o meu irmão!
— Por quê? Frida é muito mais bonita do que eu!
— Não acho. E depois, você é como eu. Talvez possa ser minha esposa um dia. Já o pobre Joseph sabe que nunca vai casar com a baronesinha.
Johan quis beijá-la.
— Não, Ethel está olhando.
— Olhando nada! Veja, está dormindo!
— Nesse frio? Não pode ser!
Patinaram até Frida e Joseph, que estavam tão agarrados que pareciam apenas um.
— Frida! Ethel dormiu no banco gelado!
— Coitada! Deve ser o cansaço de cuidar de nós. Ou talvez as ervas que botei no seu chá!

Os dias foram se tornando mais amenos. A grama voltou a aparecer aos poucos. Aqui e ali, uma florzinha punha a cabeça de fora.
Gwen se esforçava na espineta. O professor chegava resmungando, mas seu humor mudava quando começava a tocar.
Gwen percebeu que Ethel, sempre seca e áspera, mudava em presença do Kapel Meister.

Tentava suavizar a voz, mas só conseguia fazer com que ela parecesse o sibilar de uma cobra. Procurava pôr roupas que a fizessem parecer mais jovem, mas acabava por parecer um polichinelo. O mestre nada percebia das desajeitadas investidas da governanta. Ou se percebia, fingia que não notava.

Gwen não gostava da presença de Ethel na sala de música porque ela atrapalhava a aula a todo instante e tentava denegrir a aluna perante o professor:

— Até que para uma cabreira está bom. Talvez acalme o rebanho!

Ou então:

— De que vale uma espineta para uma montanhesa? Só se for para meter na lareira nas noites de inverno!

O mestre tratava Ethel como a uma velha tia e isso a deixava enfurecida.

Certa tarde, a governanta levou chá e biscoitos de nata para o Kapel Meister. Quando Gwen botou a mão no prato para se servir, Ethel acertou-lhe um forte tapa.

Gwen abandonou a sala chorando e foi contar tudo a Frida.

— Essa megera não se enxerga? Podia ser mãe do professor. E uma mãe já bem velha, olhe lá!

— Ainda se ela fosse bonita...

— Ou inteligente...

— Ela me paga, Frida! Que que eu faço?

— Deixa eu pensar! Já sei! Gwen, você vai seduzir o Kapel Meister!

— Com o meu tamanho?

— Há quanto tempo não se olha no espelho, Gwen? Você cresceu! Com um sapato de tacos e algum enchimento a gente dá um jeito.

Na aula seguinte, Frida disse que estava com dores no corpo e obrigou Ethel a ficar cuidando dela.

A princípio, o jovem mestre nem reparou no vestido decotado de Gwen. Mas quando ela deixou cair no chão as folhas e abaixou-se à sua frente para recolhê-las, fazendo o decote descer ainda mais, foi impossível não notar.

Gwen debruçou-se sobre ele para ler suas anotações e procurava encostar-se nele ao tocar.

Manteve a saia para cima ao sentar-se, deixando entrever as panturrilhas; pediu ao professor que a ajudasse a suspender um pouco as mangas que a enleavam.

Tocou como nunca esse dia e, ao despedir-se do Kapel Meister, apertou-lhe as mãos por mais tempo do que o de costume.

O jovem dormiu mal nessa noite e, pela primeira vez, sentiu-se ansioso para que chegasse logo o dia da próxima aula.

Como o clima andasse mais ameno, Frida convidou Gwen para passear a cavalo.

O cavalo da baronesinha era lindo, com uma imensa crina sempre penteada.

— Você gosta de cavalos, Gwen?
— Muito. Eu tenho o Tuff. Ele puxa nosso trenó.
— Meu cavalo é de passeio. Os de trenó são outros.
— Cavalo é tudo igual.
— É nada! Uns são feitos para trabalhar, outros não!
— Então você acha certo levantar tarde todos os dias e receber chá e bolinhos na cama enquanto Johan e Joseph levantam antes do sol, comem figos secos e vão trabalhar?
— Minha cara, se os pobres comessem bolinhos, ficariam gordos e flácidos como os nobres. Onde as senhoras ricas iriam arrumar os seus amantes?
— Você é cínica e má, Frida!
— Você também é cínica, Gwen! Desde que mora aqui também toma chá e come bolinhos na cama!
— Estou aproveitando porque é por pouco tempo! Você vai se empanturrar de bolinhos a vida toda. Eu logo vou voltar para a montanha e rachar lenha ainda no escuro e ir ordenhar as cabras!
— Olhe aqui, Gwen, pare de berrar. Acho que você viveu tempo demais com as cabras!

Gwen subiu as escadas correndo. Trombou com Ethel, que a sacudiu pelos ombros:

— Espere aí, cabreira! Você hoje está me parecendo bem menor! Cadê as ancas enormes, os seios empinados que você exibe ao Kapel Meister? Até na altura me parece faltar um palmo!
— Largue-me, Ethel!
— É tudo enchimento não é? E sapatos de tacões!

Em um sopetão, Ethel rasgou o vestido de Gwen:

— Veja só — parecem as tetas de uma cadela que nunca pariu!
— Minha mãe é uma cabreira como eu, pobre e ignorante. Mas nunca usaria essas palavras!
— Você é falsa, Gwen! Olhe para você! Parece uma rã desconjuntada! Se eu usasse as coisas que você usa também conquistaria quem quisesse!

Frida subiu quando ouviu a discussão. Gwen achou que estava perdida. Acabara de ofender a baronesinha e não acreditava que ela fosse defendê-la.

A ruivinha ouviu a última frase da preceptora e disse:
— Ethel tem razão, Gwen. De hoje em diante você irá à aula de música vestida como menina!
— Graças a Deus! Pensa que me importa? É um alívio!
— Ethel, hoje você vai usar tudo o que Gwen tem usado!
— Eu, *Fraulein* Frida? Quem sou eu?
— Quero vê-la bem bonita hoje na sala de música, Ethel! Vou arranjar-lhe muitos adereços. Se casar, prometo-lhe até um dote!

Ethel correu a aprontar-se enquanto Frida piscava marotamente.
— Você me convenceu, Gwen! Todos devem ter as mesmas oportunidades.

O mestre dedilhava a espineta quando Ethel entrou espalhafatosamente:
— Ludwig! Que bom que você chegou!

O jovem quase caiu do banquinho. Ela nunca o chamara pelo nome.
— Boa-tarde, senhora!
— Ora, vamos! Não me chame de senhora! Afinal, somos amigos ou não?
— Somos? Quero dizer sim, senhora!
— Quero que prove este licor! Ele é um tanto forte mas creio que você irá adorar, Ludwig!

Quando o Mestre se voltou para apanhar o cálice é que reparou em Ethel. Sua aparência era tão grotesca que o jovem precisou fingir que se engasgava para sufocar o riso.

A governanta usava uma cabeleira tão avantajada que poderia acomodar uma família de gralhas.

Ao dar com os olhos nos seios desmesurados e flácidos de Ethel, apertados em um decote ousado, o pobre Ludwig imaginou que, se a governanta tivesse tido um filho, ele teria morrido sufocado ao tentar mamar.

As jóias às dezenas que Ethel usava pareciam arreios brilhantes que se põem nos cavalos, nas procissões.

— Quer mais um gole, Lud?

(Lud, só faltava essa!)

— Não senhora. Devo dar aula agora. Pode chamar minha pupila?

— Não precisa, mestre. Estou aqui!

A entrada de Gwen foi um alívio para o Kapel Meister. E como ela estava diferente no seu vestidinho xadrez escorrido sobre o corpo magro, baixinha em suas botinas rasas e duas tranças castanhas descendo livres até a cintura. Meu Deus! Nunca ela lhe parecera tão linda!

— Que idade você tem, Gwen?

— Completei doze neste inverno, senhor!

— Ludwig!

— Como, mestre?

— Ludwig! É meu nome, Gwen! Não precisa me chamar de mestre.

As festas da Primavera que os barões ofereciam eram conhecidas não só na aldeia mas em todo o cantão.
Eram dias de danças, cantos, comilanças, torneios.
Vinham nobres de todos os lugares.
Carneiros e porcos haviam sido engordados ao extremo para o festim. Músicos e saltimbancos eram contratados.
Os servos pintavam as cercas e calçavam caminhos pelas aléias floridas.
O Barão comprava cavalos bravos para que os jovens domassem nos torneios.
Juntava-se lenha para as colossais fogueiras, trocavam-se as cortinas e os tapetes onde a mais fina nobreza botaria os pés.
E a festa não era só dos grandes senhores. Era distribuído pão e cerveja aos aldeões e também carne. Do alto do muro, atiravam-se moedas e confeitos para as crianças.
O Barão pagava músicos para tocarem na praça e o povo dançava em torno das fogueiras.
Todos comentavam que, nove meses após a festa, o padre trabalhava em dobro fazendo batizados.
Ser convidado para a abertura da festa, no próprio salão dos Barões, era a maior honra para uma família nobre.
Nessa noite apresentavam-se apenas espetáculos refinados. A própria Baronesa tocava.
— Gwen, vamos ensaiar bastante para a noite da Primavera!
— Eu, senhora?
— Claro, você cantará e eu tocarei! Será um presente que oferecerei às visitas!
— Baronesa, eu sou uma cabreira acostumada a andar de tamancos e a berrar nas montanhas. Todos vão rir de mim!
— Não seja tola, Gwen! Você é linda!

— Não posso! Enquanto eu estiver no seu salão, Zutz vai estar do lado de fora do muro brigando por umas moedas!
— Gwen, acho que o Avô merece um presente de Primavera. Preciso compensá-lo por ter lhe roubado você!
— Que presente, senhora?
— Vamos convidá-los, Gwen. Todos! O Avô, Zutz, Will e sua Mãe!
— O Barão não vai deixar!
— A casa é minha também!
— Mas ele é seu marido!
— Gwen, o Barão é um homem justo. E aceita o que eu faço. Você acreditaria se eu lhe contasse uma coisa?
— O que, senhora?
— Eu e o Barão nos casamos por amor!
— Mas todo mundo casa por amor, não é?
— Talvez os pastores, os lenhadores... Mas entre os nobres não, Gwen. Sabe, tive uma irmã que se afogou em um lago porque queriam casá-la com um velho conde!
— Que coisa horrível! Mas a senhora pôde escolher?
— Na verdade não, Gwen. Mas tivemos a sorte, Ernest e eu, de nos amarmos assim que nos vimos. Você reparou que enquanto os casais nobres se tratam por senhor e senhora nós nos tratamos pelo nome?
— É verdade, senhora! Então ele vai deixar o Avô e todos os outros virem?
— Claro, querida. Eu e o Barão somos apenas um. E agora vamos ensaiar. Quero que saia perfeito!
— Vou me esforçar, senhora! disse Gwen, fazendo uma reverência.
— Pode me chamar de Clara, Gwen. Lembre-se: quando dois músicos tocam juntos devem ser como um casal feliz — apenas um!

As crianças andavam agitadíssimas com a festa. Frida resolveu que representariam um auto na noite de estréia.
Foi difícil convencê-la a não representar uma de suas horríveis histórias onde todos morriam no final.
Por fim concordaram com a história da bela princesa que, por ter roubado uma rosa do jardim de uma bruxa, foi transformada em uma estátua.

Os aldeões, encontrando uma estátua tão linda, pensaram tratar-se da imagem de uma santa e levaram-na para a igreja.

Paralisada, a pobre e linda jovem via o povo passar por ela, fazer promessas e não podia dizer nada. A maldição só terminaria se um homem a amasse como mulher. Todos lhe pediam dinheiro, colheitas fartas, mas ninguém reparava o quanto ela sofria.

Até que um dia, um jovem menestrel apaixonou-se pela princesa e foi escondido fazer-lhe uma serenata. O padre desce enfurecido com o sacrilégio e encontra a princesa dançando ao som da música que o moço tocava.

Então eles se casam e são muito felizes.

Joseph logo disse:

— Frida deve ser a princesa, porque é linda!

— Eu? Está louco? Quero ser a bruxa e pronto!

Johan aproveitou a oportunidade:

— Gwen é linda também. Ela será a princesa e eu o rapaz que a desencanta!

Gwen olhou para Will, que havia vindo para os ensaios:

— Mas Will toca tão bem! Ele devia ser o rapaz!

— Mas, Gwen! (Johan quase chorava) eu toco flauta. Eu quero tanto fazer um papel importante!

— Deixa ele ser o rapaz, Gwen! Eu serei o padre!

Gwen odiou Will naquela hora. Ele e sua mania de justiça.

Joseph se preocupou:

— E eu? Não faço nada?

— Você é o aldeão que acha a santa!

— Só?

— Já sei! No fim você é o padrinho de casamento!

— Ah, bom!

E assim foram alterando a história, principalmente o papel da bruxa, que tornou-se imenso, importantíssimo.

A Baronesa mandou que Will transmitisse o convite à família de Gwen.

— Eles adoraram, senhora! Mas *Frau* Herta não vem, prefere sua solidão!

— Ela está sendo egoísta! Se não vier, um deles precisará ficar.

— Duvido que ela mude de idéia. Nunca a vi fazer isso desde que me lembro por gente!

— Vejamos... Joseph, apronte o trenó. Vamos à montanha buscar o Avô e toda a família!
— A senhora também vai?
— Claro. O ar puro vai me fazer muito bem!
Assim partiram os quatro: a Baronesa, Frida, Will e Gwen. A água do degelo corria pelas vertentes e flores já desabrochavam. Mais para cima ainda, havia neve.

Foi uma festa, Zutz dava pulos de alegria. O Avô perguntou se podia levar a trombeta.
— Não pode não, senhor. Deve!
Apenas Herta continuou fiando sem falar nada.
— Por favor, filha. Pelas crianças.
— Não, Avô. Posso ficar sozinha.
— E se eu pedir?
— Clara? Você também veio?
— Ainda lembra de mim, Herta?
Gwen se espantou:
— Vocês se conhecem?
— Brincávamos juntas quando o Avô ia à aldeia levar queijos e peles.
Frida se espantou:
— Como a senhora consegue fiar sendo cega?
Herta pousou as mãos no colo:
— Sabe, baronesinha, quando eu tinha a sua idade, a coisa que eu mais odiava era fiar. Queria andar de tobogã pela neve, correr pelas montanhas, colher flores, flertar com os meninos. Mas minha mãe me obrigava a ficar horas a fio na roca.

Com o tempo, aprendi a tecer usando apenas as mãos.

Minha cabeça ficava livre e, enquanto a roca girava mecanicamente, eu me via patinando, dançando, namorando, passeando.

Enquanto vivi com Giacomo, a roca encheu-se de teias de aranha. Eu era feliz e fazia tudo o que sonhava. Mas logo ele morreu e minha vista apagou-se para sempre.

Então voltei a fiar — é o único jeito que tenho de me ver passeando, dançando...

Clara segurou as mãos de Herta, comovida:
— Por favor, Herta! Venha conosco. Não apague também a luz do seu coração!

Por fim, Herta concordou. Iria para a casa dos Barões mas levaria a roca. E não participaria das festas.

Enquanto os adultos arrumavam a bagagem, Zutz levou Frida para ver os cabritos. Gwen ficou sozinha com Will.

— Nossa, Will! Fiquei o inverno todo na aldeia e nem pude andar de tobogã. Agora é tarde, a primavera está chegando!

— Ainda tem muita neve lá em cima, Gwen. Vamos?

— E por que não?

Começaram a descer a encosta, Gwen abraçada na cintura de Will. Estava mais difícil segurar-se nele. Notou que os seios haviam crescido. E percebeu também que era agradável comprimi-los contra o corpo de Will.

— Sabe, Gwen? Você é a pessoa com quem mais gosto de andar de tobogã!

— Você também, Will. A gente se entende bem!

De repente, o tobogã ficou preso em uma falha na neve. Gwen e Will foram jogados longe.

Gwen sentiu uma dor aguda no joelho. Não podia levantar. Will foi ajudá-la e perdeu o equilíbrio. Caiu por cima dela e descobriu que não tinha a menor vontade de levantar-se. Gwen enlaçou-lhe as costas para que ele nem pensasse em fazê-lo.

Will então a beijou; Gwen sentiu novamente surgir aquele estranho volume entre as pernas do amigo.

Um calor enorme a invadia; Gwen sentia falta de uma coisa mas não sabia do que. Will começou a levantar-lhe a saia devagar. Ela sentiu que estava perto de descobrir o que lhe faltava...

Mas a voz de Zutz aos berros veio interrompê-los:

— Socorro! Venham me ajudar!

Will saiu correndo e Gwen o seguiu mancando. O joelho doía muito.

Viram então a maior confusão. Dezenas de cabras, bodes e cabritos corriam pelas encostas. Zutz se descabelava:

— Essa ruivinha dos diabos soltou todo o rebanho e ainda pôs-se a uivar feito lobo para fazê-los correr!

De volta à cabana, o Avô enfaixou o joelho de Gwen.

— Está luxado. Ela precisa repousar uns dias.

— Oh não! E o auto?

— Grande coisa! Você faz papel de estátua! Que diferença faz?

Voltaram todos amontoados no trenó. Gwen teve febre por causa do joelho, mas fingia que não sentia nada com medo de perder seu papel no auto.

O Avô e a família foram acomodados nas dependências dos empregados. Não porque a Baronesa mandasse, mas o Avô preferiu assim:

— Se me botarem na ala dos nobres não poderei descalçar as botas e aquecer os pés ao fogo, nem aliviar meus gases após o caldo.

A peça precisou ser adaptada para a entrada de Zutz. Assim, o padre ganhou um sacristão que obviamente era um aliado da bruxa, a quem servia incondicionalmente usando seu trabalho na igreja como pretexto para vigiar a pobre princesa encantada e depois informar sua senhora.

Quando não estavam ensaiando, as crianças subiam no muro de pedra para ver a chegada dos contratados e convidados para o festival.

Isso enfurecia Ethel, que achava que meninas não podiam subir em muros.

— Eu já escalei paredões piores nas montanhas!

— Quanto a você, pouco me importa! Às vezes me pergunto se é uma cabreira ou uma cabra! Mas e a baronesinha?

— Cale-se, Ethel! Posso subir melhor que qualquer menino!

— Mas não deve! Uma senhorita sempre deve parecer frágil e delicada!

— Ah é? E se um dia eu precisar fugir e escalar as montanhas?

— Uma mulher deve procurar sempre um homem que a defenda! Um homem forte, bom e honesto!

— Muito bem! E se eu encontrar um homem forte, mau e desonesto que tente me violentar?

Ethel ficou vermelha:

— Senhorita Frida! Não deve usar esse tipo de linguagem!

— E por que não? As coisas não deixam de existir só porque não falamos nelas. Você nunca ouviu falar de bandidos que assaltam aldeias e estupram todas as mulheres?

Gwen pensou que Ethel teria um ataque. Ficou roxa e avançou para Frida como se fosse espancá-la:

— Cale a boca!

Mas, apesar de descontrolada, sabia que não podia bater na baronesinha. Assim, meteu uma bofetada em Johan e outra em Joseph e fugiu chorando convulsivamente.

As crianças estavam perplexas:
— Alguém entendeu?
Will falou em uma voz grave:
— Acho que sim. Ethel não veio do Leste?
— Veio!
— Bem, sei que por lá várias aldeias foram assaltadas, destruídas e as mulheres foram violentadas!
E ficaram todos em silêncio, sentados no muro, com o olhar perdido no horizonte...
Foi Frida quem rompeu o silêncio:
— Oh, não! Estão vendo aquela carruagem? São meus insuportáveis primos do Norte!
— Insuportáveis?
— E não? Andam como se pisassem sobre ovos, vestem-se como se fossem receber o rei, comem codornas com talheres... E vivem com os pés esfolados!
— Por quê?
— De tanto andar de nariz empinado! Não olham por onde pisam!

Os visitantes desceram da carruagem.
Tio Berg era um homem enorme, ruivo como Frida e todo peludo. Gwen sentiu medo dele. Falava alto como se estivesse dando ordens. Aliás, dava ordens o tempo todo.
Tia Ilka era uma mulher branca e fria como um cadáver, cujos olhos tinham o mesmo brilho de uma lareira apagada. Gwen não lhe ouviu a voz. Tia Ilka limitava-se a concordar, com a cabeça, com tudo que o marido dizia.
O primo Mark era já um rapaz e muito bonito. Parecia uma escultura, tanto que era capaz de ficar horas sem mover um só músculo do rosto. Frida quis provocá-lo:
— Não beija sua prima, Mark?
Ele respondeu com uma respeitosa reverência.
Frida grunhiu alguma coisa e virou-se para o primo Kerr, que se vestia com o mesmo apuro do irmão:
— E você, primo?
Kerr, que devia ter a idade de Will, deu uma piscadinha e beijou a mão de Frida.
— Espero que não tenha segurado minhocas, prima, como da outra vez!

— Aquele dia eu ia pescar!
Tio Berg rosnou:
— Mulheres pescando? Pois sim! Servem apenas para limpar os peixes!
— Pois bem, caro tio! Então o desafio a ver quem pesca mais trutas!
— Não perderia tempo com você, Frida!
— Graças a Deus, meu tio! Seria horrível agüentar sua companhia!
O Barão tossiu e pôs-se a conversar com o irmão para disfarçar. A Baronesa procurava puxar conversa com tia Ilka, que sequer descerrava os lábios.
Frida apresentou Gwen aos primos. Mark fez menção de uma reverência. Kerr sorriu:
— É também um demônio como minha prima?
— Bem, creio que não sou um anjo, mas Frida é imbatível!
Então desceu da carruagem a prima Gertrud. Tinha longos cabelos louros ondulados e Gwen calculou que tivesse uns 7 ou 8 anos. Ficou admirada ao saber que eram quase da mesma idade.
— Sempre fui miúda. Isso irrita meu pai, que me chama de rãzinha do brejo!
— Ué? Que diferença faz para seu pai você ser grande ou pequena?
— Ele acha que como sou será difícil fazer um casamento vantajoso.
— Não entendi!
— Ele diz que poucos homens irão me querer. Mulheres miúdas não são boas parideiras.
Gwen ficou horrorizada:
— Céus! Já ouvi o Avô falar assim das cabras, mas de mulheres...
Frida arrematou:
— Tio Berg nunca soube a diferença entre uma mulher e uma cabra!

Foi um custo convencer tio Berg a permitir que os filhos participassem do auto.
O próprio Barão precisou intervir:
— Mano, o auto é um presente das crianças para os convidados! Seria uma desfeita de sua parte!

— Pode ser. Mas contracenar com os filhos dos criados?
— Mano! Johan e Joseph nasceram e cresceram aqui. Seus pais são servos fiéis e dignos. Will é um artista e neto de um dos mais antigos habitantes locais. Gwen é dama de companhia de Frida e Zutz é seu irmão — são netos do Avô, lembra-se? Um dos homens mais sábios do lugar!

Tio Berg resmungou, mas aceitou. Devia obediência ao irmão mais velho.

Assim, a peça teve que ser novamente ampliada e adaptada para que os "insuportáveis primos do Norte" participassem.

Aliás, eles não eram tão insuportáveis assim, com exceção de Mark, sempre metido a grande homem.

Gertrud saltava de alegria. Seria a rã de estimação da bruxa. Kerr ficou desapontado porque o papel de herói já estava preenchido, mas concordou em ser auxiliar da bruxa.

Apenas Mark disse que não queria participar. Mas alguma coisa em seu rosto impassível mostrava que não dizia a verdade.

Gwen reclamou:
— A história está toda errada!
— Por quê, Gwen?
— A bruxa malvada tem mais gente do seu lado do que a pobre moça enfeitiçada!
— E daí? A bruxa não é só malvada! É rica e poderosa! É claro que tem mais gente do lado dela!
— Não é! O bem tem que vencer o mal!
— Que bem? A mocinha é uma tonta. Devia era terminar como estátua mesmo!
— Ah, não! Então eu não trabalho mais!
— Vamos, Gwen, é brincadeira!
— Mas a bruxa tem que morrer no fim!
— Isso não! Quando muito, ser expulsa e olhe lá! E levando seu tesouro!
— Que tesouro?
— A bruxa tem um tesouro!
— Só porque você quer!
— E quero mesmo, e daí?

Assim os ensaios prosseguiram entre brigas e gargalhadas. A cada dia, a história se modificava. O importante é que se divertiam.

Isto é, Mark não se divertia — passava horas imóvel, vendo os ensaios. Mas por dentro sua mente fervilhava, imaginando que era o bruxo-mestre, que salvava a feiticeira na última hora e a levava para o seu reino. Lá, viveriam felizes para sempre!

A cada dia, o mundo se tornava mais bonito.

O verde e o colorido das flores voltavam aos jardins. Os passarinhos piavam o dia inteiro.

As crianças brincavam, todas contentes. Zutz comentou:

— Por que o tempo não é sempre assim? Poderia fazer sol sempre, o ano inteiro!

— Não seja idiota! — Frida usava sua palavra predileta — o mundo é assim e pronto. Tem que existir o inverno, cheio de neve!

— Ah, isso não! — Gwen falava com convicção — o Avô me contou de um lugar onde sempre faz sol e calor. Não neva nunca. É sempre verde!

— Você é outra idiota, Gwen!

— É verdade! O Avô sabe de tudo. É terra nova, que os portugueses encontraram. Pode-se plantar qualquer coisa, que tudo nasce!

— Não me faça rir! Os portugueses encontraram a "Terra Prometida"?

— O Avô jamais mente, Frida. Eu ainda hei de morar nessa terra!

— Você me leva junto, Gwen?

— Claro, Zutz. Lá tem lugar para todo mundo!

Will se intrometeu:

— Eu vou também!

— E eu!

— E eu!

Todas as crianças queriam ir para o Novo Mundo.

— E você Frida?

— Não sei! Gosto de neve, do frio. O sol estraga a pele. Mas se todos forem, acho que eu vou também!

As crianças estavam sobre o muro quando os saltimbancos chegaram à aldeia.

Ethel, desde o dia da discussão, andava triste e retraída. Nem os vigiava mais.

Tio Berg, que não suportava a idéia de ver crianças agindo como crianças, estava acamado com a febre do feno.

Aliás, era só olhar para a cara emburrada do tio Berg para saber que ele odiava a primavera e suas lindas flores, cheias de pólen que o faziam espirrar incessantemente.

As crianças resolveram visitar tio Berg em seu leito e, comandadas por Frida, levaram-lhe braçadas de flores como presente.

A febre do pobre rabugento triplicou e ele só não amaldiçoou a sobrinha porque a crise de espirros não lhe permitia articular suas pragas.

Assim, as crianças estavam totalmente livres e, de cima do muro, vibraram com a chegada dos carroções.

Enquanto os artistas fincavam estacas e desdobravam panos coloridos, Frida correu para falar com o Barão:

— Papai! Estamos indo ver os saltimbancos!

— Você vai vê-los, filhinha. O circo fará um espetáculo particular para nós na próxima semana!

— Não é isso, pai! Quero ir lá agora, na praça, para vê-los!

— Desculpe, Frida! Sempre atendi seus desejos, mas isso não pode ser!

— E por que não?

— Olhe, querida, Gwen, Zutz, Will e os gêmeos podem ir. Mas não convém para você e seus primos entrar nesse ambiente.

— Não acredito! O senhor nunca foi assim!

— Frida, você é uma mocinha! Há coisas que não ficam bem.

— Eu não sou mocinha!

— Quase, filha, quase! Tente entender... Eu trago o circo aqui! Mas vocês não vão visitar os carroções.

— Não entendo nem quero entender! Você é igual ao tio Berg!

Frida saiu furiosa. Os outros vieram perguntar:

— E então, vamos?

— Claro, depois do almoço!

Assim, misteriosamente o Barão teve um sono insuportável após a refeição e mal teve tempo de recolher-se ao quarto, enquanto as crianças corriam para a praça.

Pelo sorriso com que a Baronesa assistiu à cena, notava-se que ela não era totalmente alheia a esse episódio.

Quando chegaram no acampamento dos saltimbancos, não havia ninguém nos carroções. Os artistas estavam reunidos em torno de uma fogueira onde fervia um enorme caldeirão de caldo.

— Vamos esperar eles comerem para conhecer o circo!

— Esperar por quê? Vamos entrar em um dos carroções!
— Frida, isso é invasão!
— O que que tem? Não vamos roubar nada!
— E se acharem ruim?
— Já sei! Os meninos ficam vigiando e nós entramos. Qualquer coisa eles assobiam.
Gertrud preferiu não ir:
— Eu, hein? E se houver uma fera lá dentro?
— Não seja idiota, Gertrud. As feras ficam nas jaulas e não nos carroções!
— Que seja! Mas eu não vou!
Frida abriu a porta do carroção mais próximo e foi entrando sem a menor cerimônia. Gwen entrou atrás dela, meio ressabiada. Não teve coragem de mexer em nada. Quanto a Frida, fuçou em todos os baús, remexeu as roupas cheias de guizos, testou as cores das tintas que estavam em potes...
Estava tão entretida que não ouviu o assobio de Kerr. Gwen ouviu e pulou pela janela, sem tempo de chamar a amiga.
Quando a baronesinha se voltou rindo, com uma horrenda máscara no rosto, deu de cara com um rapaz que a encarava de braços cruzados:
— Posso saber a quem devo a honra da visita?
Frida pensou que ia desmaiar. O moço era bem moreno e, pelo sotaque, notava-se que era italiano. A ruivinha logo retomou o sangue frio:
— Sou a filha do Barão. Tive a impressão de ver meu gato entrando no carroção!
— Prazer, senhorita baronesa! Aceite estas singelas flores como homenagem!
Frida estendeu as mãos para o ramalhete que o saltimbanco oferecia. Um jato d'água atingiu-a bem no rosto.
— Esqueci de me apresentar, senhorita. Sou o bufão do circo!
Furiosa, a baronesinha começou a arremessar-lhe bolas de madeira colorida que encontrou sobre uma mesa. O italiano não só conseguiu apará-las nas mãos, como pôs-se a fazer malabarismos com elas.
Frida avançou para ele na intenção de esmurrá-lo, mas o bufão se desviava com cabriolas e piruetas.
Cega de ódio, a ruivinha pegou uma faca que estava por ali e enterrou-a no peito do italiano.
— Calma, senhorita! Alguém podia se machucar!

Frida reparou então que a lâmina da faca era retrátil; o rapaz ria de sua fúria.
— Idiota! Mil vezes idiota! E pôs-se a chorar.
— Desculpe. Não tenho culpa se a senhorita invadiu o lar de um idiota!
Nisso, entrou uma senhora de lenço colorido e enormes argolas nas orelhas. Usava mil correntes e amuletos:
— Francesco! Por que a menina está chorando?
O moço ficou desapontado:
— Mamãe, apresento-lhe a filha do Barão!
A cigana fulminou o filho com o olhar. Derramou algumas gotas de um frasco em um copo d'água e deu a Frida para que bebesse. Afagou os cabelos ruivos até que ela se acalmou.
— Está tudo bem, querida. Francesco é meio rude às vezes, mas garanto que é um bom rapaz!
As crianças, atraídas pelos berros de Frida, haviam entrado também, pensando que a amiga precisasse de socorro.
— Chegaram cedo demais para o espetáculo, crianças!
Gwen fez uma reverência:
— Perdoe-nos, senhora! Estávamos curiosos de ver os carroções!
— Bem, estejam à vontade. Todos aqui me chamam de *Signora*! Posso ler vosso destino na palma das mãos!
Gertrud esticou suas mãozinhas para a cigana.
— Vejo que você irá casar com um homem com duas vezes sua altura!
Frida caçoou:
— Então ele não vai ser muito alto!
Zutz também esticou a mão:
— E eu, *Signora*?
— Você se afastará dos homens para servir a Deus. Cuidado para não servir apenas a si mesmo.
Will não quis que a vidente visse seu destino. Kerr soube que iria para a guerra, seria ferido, mas voltaria com vida e morreria de velhice. Os gêmeos estenderam as mãos ao mesmo tempo.
— Vocês, que foram tão unidos no ventre materno, se afastarão por causa de uma mulher.
Gwen esperou a sua vez para perguntar:
— E eu? Serei feliz com Will?
A cigana olhou tristemente a montanhesa:
— A felicidade não é deste mundo!

Gwen ficou assustada:
— Eu vou morrer sem conhecer o Novo Mundo?
— Ninguém morre, querida! Você irá ao Novo Mundo quando chegar a hora.
A cabreirinha ficou confusa. Ia perguntar mais alguma coisa, mas Frida tomou-lhe a palavra:
— Diga a minha sorte agora!
— Você mesma tece o seu destino — e tece os destinos alheios também! Bem, chega de sortilégios. As crianças aceitam um chá?
Sentaram-se em tamboretes, enquanto a cigana fervia água em um fogareiro.
Frida reparou em uma caixa com pequenos orifícios. Tentou espiar para ver o que havia dentro. Francesco avisou:
— Aí ficam os bichinhos de minha mãe!
— Posso vê-los?
— Você que sabe!
Frida abriu a caixa. Estava cheia de serpentes que agitavam as lingüinhas.
O bando todo precipitou-se para fora menos Gwen, que ficou hipnotizada, e Frida, que agarrou uma das cobras entre os dedos.
A *Signora* sorriu e saudou:
— Prazer em revê-la, Senhora das Serpentes!
— Dá uma para mim? Por favor?
— Criei essas criaturas desde que eram ovos. Algumas beberam até o leite dos meus seios!
— Prometo que cuido bem dela! Por favor!
A cobra se acomodara nos braços de Frida. Se fosse um gato, estaria ronronando.
— Pois bem. Eu lhe dou a serpente! Mas isso nos une para sempre. Ela é venenosa, mas é incapaz de ferir a quem a ama. Que assim seja você!
A *Signora* acomodou o animal em uma cesta para que ninguém a visse. Frida teve que carregar sozinha porque os outros se recusaram a levar semelhante carga.
Francesco acompanhou-os um trecho. Despediu-se então:
— Até breve, baronesinha. Desculpe o que lhe fiz!
Frida pensou que ele fosse lhe pregar outra peça, mas ele sorriu e, dando-lhe um rápido beijo na face, fugiu correndo de volta para o acampamento.

Havia tanto movimento na propriedade do Barão que Gwen ficava tonta.

Eram trabalhadores pendurando lanternas coloridas nas árvores, colocando guirlandas nas estátuas, construindo palcos de madeira... Eram senhores de grandes bigodes e perucas brancas, senhoras enfatuadas a abanar-se com leques apesar do tempo ainda estar frio.

As crianças corriam de lá para cá, excitadas por entre músicos, bailarinos.

Pela manhã, ensaiavam o auto. As personagens mudavam ao sabor do vento. Will tornou-se um padre trapalhão, que vivia tropeçando na batina e engasgando-se com as hóstias.

Gwen, por vezes, ficava furiosa com ele porque parecia que Will não se importava com a cena em que a princesa encantada era despertada por um beijo. Johan sempre dizia que não estava bom e insistia para repetir a atuação.

Quando um dos companheiros não concordava com suas idéias, Frida o ameaçava com Dobs, a serpente.

Aliás, a baronesinha, talvez graças à emoção do dia de visita aos carroções, tornara-se moça e estava, por incrível que pareça, ainda mais intratável.

Chutava as canelas dos gêmeos, chamava as meninas de idiotas e chegou a atirar ovos em Zutz e Will.

Todas as tardes, Gwen ia cantar com a Baronesa, preparando-se para o festival. Herta deixava-se ficar na sala de música, sempre lidando na roca. Embora a comovesse quase às lágrimas, só fazia comentários amargos.

— Gwen empregaria melhor o tempo fiando ou tecendo. Esses gorjeios só servem para seduzir os homens, para que eles a deixem depois abandonada e não a queiram por esposa.

Clara piscava para Gwen e lhe fazia sinal para que não retrucasse à pobre cega.

Muitas tardes, durante o canto, Gwen via pela janela um vulto de roupa escura pular sorrateiramente o muro do jardim. Era Francesco, que vinha trazer para Frida a ração de Dobs. Misteriosamente, a ruivinha não permitia que ninguém a acompanhasse nesses encontros.

Gwen sustentava um agudo quando o dispenseiro entrou furioso à procura da Baronesa:

— Senhora, não é possível! Os queijos continuam sumindo!

— Que queijos, Walter?

— Senhora, tínhamos aqui um grande estoque para servir aos convidados. Mas, dia a dia, os queijos desaparecem como que por mágica!

— Ora, Walter! Hão de ser os ratos!

— Senhora, ratos não carregam enormes peças de queijo inteiras. Estragam-nas e deixam por toda a parte suas imundícies. Isso é coisa de fantasmas!

A Baronesa foi verificar o tal mistério, deixando Gwen liberada da sessão de canto. O Kapel Meister perguntou:

— A senhora Preceptora está doente?

— Ethel? Não sei! Por quê?

— Há dias ela não aparece nas aulas. Antes, ela não perdia a oportunidade de se intrometer.

— Sabe, Ludwig, eu acho que ela ficou triste com uma coisa que Frida falou.

— A senhorita Frida sempre fala coisas horríveis para todo mundo!

— Mas dessa vez foi diferente... Olha, acho que vou conversar com Ethel — afinal, ela é gente!

Gwen se dirigiu aos aposentos da governanta. Bateu na porta e não teve resposta. Bateu mais forte. Nada!

Resolveu entrar. Levou um susto.

Ethel estava sentada na cama com os olhos esbugalhados. Havia várias garrafas vazias pelo chão.

— Ethel! Você bebeu todo esse vinho?

— Deixe-me em paz, cabreira!

— Você não devia fazer isso! Está toda descabelada, com as roupas amassadas. Venha, Ethel, vou ajudá-la a se arrumar!

— Largue-me! Arumar-me por quê? Nunca casarei! Nunca serei feliz!

— Que bobagem, Ethel! Alguém vai gostar de você!

— Ah, ah! Que homem iria me querer?
— Você não é velha, Ethel. E é culta como quase nenhuma mulher é! Se quiser, pode arrumar um casamento!
— Escute aqui, cabreira — Ethel lhe estendeu uma taça de vinho — Beba comigo! Os homens não gostam de mulheres sabidas! Por isso aquelas que são realmente espertas fingem-se de tolas!
— Frida é inteligente e todos se apaixonam por ela!
— A baronesinha é rica! É nobre! Pode ser como quiser! Minha vida acabou há muito tempo!
Ethel virou a taça de uma só vez. Pôs-se a rir histericamente, e passou ao choro convulso:
— Ele era horrível, Gwen, horrível! Um soldado fedorento! Bruto! Rasgou minhas roupas, minhas entranhas — morro de vergonha!
— Você não teve culpa, Ethel!
— Como não? Eu devia ter lutado com ele. Ter morrido para não perder minha honra! Mas eu tive medo, Gwen! Eu não queria morrer!
— Acalme-se, por favor!
— Que homem aceitaria uma mulher que sobreviveu a isso?
Ethel começou a vomitar e Gwen saiu correndo para buscar ajuda.
Enquanto banhavam a preceptora em água fria e faziam com que tomasse um chá amargo, a pequena montanhesa ficou meditando na estranhice deste mundo: por que os homens cometem os crimes e as mulheres são culpadas?

As crianças estavam furiosas. Faltavam apenas dois dias para o festival e Frida não aparecera para o ensaio.
Cansaram de procurá-la e nem sinal. Ninguém havia visto a baronesinha.
Aproveitando que as crianças estavam fora, tio Berg resolveu fuçar no quarto das meninas. Estava desconfiado de que Gertrud andava se correspondendo com um dos jovens músicos que vieram para o festival. Tentava encontrar algum bilhete comprometedor.
— Maldita hora que permiti à minha filha que aprendesse a ler! Esses conhecimentos só trazem mal às moças!
Pôs-se a remexer os baús tentando não mudar nada do lugar para que não notassem o que havia feito.

Enquanto isso, no jardim, as crianças, desistindo de procurar Frida, brincavam de cabo-de-guerra com uma enorme corda.
Sem a ruivinha, a brincadeira era menos divertida. Frida sempre dava um jeito de amarrar a corda em uma árvore, deixando os oponentes se esfalfarem de tanto puxar. Ou então, atava a ponta a um cavalo e fazia-o correr arrastando os adversários.
Dessa vez, o jogo estava equilibrado quando os berros aterrorizados de tio Berg ecoaram por toda a casa.

Vendo que o som vinha do quarto, Gwen e Gertrud largaram a corda e saíram correndo, enquanto os meninos, desequilibrados, se estatelavam no chão.
Levantaram-se e correram atrás delas.
Encontraram tio Berg acuado em um canto por Dobs, que armava o bote.
— Depressa, vamos salvá-lo!
— Isso, antes que tio Berg machuque a Dobs!
Gwen, que era a única que se aproximava de Dobs além de Frida, conseguiu convencê-la a voltar para a cesta.
O difícil foi convencer tio Berg a sair do canto onde estava. Por mais de hora, o pobre resmungão não conseguiu mexer um músculo.

Voltando para o jardim, as crianças viram Frida pular sorrateiramente o muro do quintal e correr para a casa, pelos fundos.
Intrigados, espiaram por cima do muro.
Viram Francesco, o Bufão, se afastando pelo caminho a assobiar alegremente.
Correram para os fundos e interceptaram a baronesinha.
— Onde você estava?
— Por aí, problema meu!
— Pois bem! Enquanto você andava por aí quase houve um acidente fatal entre o tio Berg e Dobs!
— Oh, não! Espero que Dobs esteja bem!
— Está! Mas agora todos sabem que ela existe!
— Pouco importa! Minha mãe tem uma gata, não tem?
— Gatos não têm veneno!
— Quero ver quem tem coragem de meter-se com Dobs!
E então, Zutz, com sua costumeira falta de tato, pôs-se a pular na frente de Frida zombando aos gritos:

— Frida namora o bufão! Frida namora o bufão!
Os outros se encolheram, esperando que a ruivinha pulasse com unhas e dentes em cima de Zutz. Mas tiveram uma surpresa quando ela apenas deu de ombros:
— Namoro mesmo! E daí? Por que essas caras de palermas?

Os dois dias que antecederam ao festival como que voaram. Os ensaios se sucediam, os queijos sumiam, tio Berg blasfemava, Gwen cantava, a Baronesa tocava, Gertrud tentava namorar o músico:
— Ele não percebe que já tenho onze anos?
— É difícil, Gertrud, você não aparenta mais de oito!
— Há bons perfumes em pequenos frascos!
— Claro! Mas talvez o seu músico tenha o nariz entupido!
Senhoras enjoadas, emproadas e empinadas andavam pela casa, cortejadas por homens empoados, de perucas brancas e olhar vazio.
Em seu quarto, Herta fiava sem parar.
Joseph andava amuado e taciturno desde a revelação de Frida. Esmurrava paredes, roía as unhas.
Quando a ruivinha pulava o muro para ir encontrar-se com Francesco, o jovem servo engolia nomes feios e projetos de vingança. A custo sufocava as lágrimas.
Gwen teve pena do companheiro:
— Frida, Joseph está sofrendo de ciúme!
— E eu com isso? Ele não é meu namorado!
— Ele diz que beijou você várias vezes...
— Ah, é? Então! Pois ele devia me agradecer por isso! Além de ter tido a honra da minha atenção, ainda reclama? Tem gente que nunca está contente!

O salão estava tão iluminado que Gwen piscou meio ofuscada:
— Céus, quantas velas! Veja os vestidos — são quase tão grandes como o toldo do circo!
— As perucas das senhoras são imensas! Como o pescoço delas não quebra?
— Ai, Will! Estou com medo de cantar para essa gente!
— Medo do quê, Gwen? Eles querem agradar o Barão. Aplaudiriam até berros de um porco sendo sangrado!
— Obrigada pela comparação!
— Desculpe, Gwen! Você me entendeu mal!

O Barão abriu as festividades com um discurso que fez Gwen bocejar diversas vezes. Zutz dormiu já na segunda frase e teve que ser cutucado para não roncar.

Então, Mestre Ludwig tocou allemandes. Todos ouviam afetando interesse, mas estavam mais preocupados em encontrar defeitos nos trajes alheios. Então a Baronesa sentou-se à espineta e anunciou:

— Senhores, quero que conheçam hoje um anjo que Deus nos mandou do céu para, com sua voz, cantar a Primavera!

Gwen sentiu a boca secar instantaneamente. Suas pernas ficaram tão bambas que não conseguia dar um passo em direção à frente do salão.

Will empurrou-a de leve:

— Coragem! Lembre-se do porco!

Gwen começou a cantar acompanhada por Clara, a princípio em um fio de voz e sem coragem de olhar o emproado auditório. Mas então sua garganta se abriu — e não era mais a montanhesa que cantava, mas sim o anjo que a Baronesa anunciara.

Se achais belas as flores
Que enfeitam esse salão
É por não verdes as flores
À beira do ribeirão

Pensais que tendes mil flores
Que um criado vos apanha
Sem saber o que há de flores
Nas encostas da montanha

Dais à amada um ramalhete
Mandais criados tecê-lo
O pastor à sua amada
Trança-lhe a flor ao cabelo

Credes dar ordem às flores
Nas aléias do jardim
Deus as ama todas juntas
Ou não as faria assim!

Um silêncio pesado tomou conta da sala por um instante em que parecia ouvir-se o ruído de lágrimas rolando. E então, irrompeu um clamoroso aplauso que durou vários minutos.

Vermelha, Gwen correu para fora do salão. Will abraçou-a:

— Parabéns, Gwen!

— Óinc!

Enquanto mocinhas casadoiras declamavam odes repetitivas, as crianças foram se aprontar para o auto.

Frida usava uma túnica preta e um chapéu pontudo. Gwen estava com um lindo vestido púrpura que fora da baronesa.

Os meninos haviam improvisado seus trajes, mas o efeito era ótimo. Todos tinham as faces pintadas de branco e os lábios, de carmim.

O início do auto foi anunciado pelo troar da trombeta do Avô, que fez as vidraças do salão estremecerem.

O público gostou muito da representação. Ria-se a valer com o padre atrapalhado que se embebedava com o vinho de missa e seu sacristão, que servia a dois senhores, e acabou quase transformado em corvo por ter usado a vassoura da bruxa para varrer a sacristia. Os gêmeos vestiam-se de cores diferentes para que a platéia não os confundisse, enquanto Kerr era um aprendiz de feiticeiro que vivia tentando cozinhar a "Rã-Gertrud" em seu caldeirão.

Todos torciam pela vitória da linda princesa Gwen; Frida era uma bruxa tão convincente que sentiram até medo de que fosse levada à fogueira.

Finalmente, o Bem triunfou sobre o Mal e a bela jovem foi salva. Muitas mocinhas suspiraram na cena do beijo e lançavam olhares candentes a seus amados.

A bruxa foi expulsa da cidade e o Avô já ia soprar a trombeta, anunciando o final do auto, quando Frida voltou ao palco com uma pequena arca e pôs-se a falar uma cena que ninguém havia ensaiado:

— Pois bem! Julgam-me vencida e que estão livres de mim para sempre! Preferem uma bela jovem de idéias ocas a uma feiticeira sábia e criativa? Pois bem, irei embora! Mas deixo entre vocês a minha maldição!

A baronesinha abriu a arca da qual escapuliram, aos guinchos, dezenas de ratos, que puseram-se a correr por entre os pés dos convidados.

Muitas senhoras emproadas (e mesmo alguns mancebos) desmaiaram. Outras subiam nas cadeiras ou até nos ombros dos cavalheiros, aos gritos. Os criados corriam tentando capturar os roedores e isso ainda aumentava a confusão.

Candelabros foram derrubados e houve um princípio de incêndio.

Tio Berg estava indignado:

— Essa menina merecia uma lição!

O Barão, vendo seus tapetes arruinados, perdeu a paciência com a filha pela primeira vez:

— Pois mano, você tem minha permissão para aplicar-lhe esta lição!

As crianças fugiram com quantas pernas tinham. Enquanto corria para o jardim, Gwen percebeu então que estava explicado o mistério dos queijos desaparecidos.

Gwen se escondeu atrás de uma aléia com medo que tio Berg a castigasse também. De repente, esbarrou em alguém. Quase morreu de susto antes de perceber quem era:

— Ludwig! Pois se esconde? Ninguém vai pensar que o Kapel Meister tem algo a ver com o que aconteceu!

— Eu sei! Mas não suporto esses bichos asquerosos!

— Quieto! Lá vem tio Berg!

Abaixaram-se e ficaram assim bem juntos até o perigo passar. O pobre músico sentiu o coração bater mais forte. Sentia o perfume dos cabelos de Gwen misturado com o aroma das flores. Quando o tio se afastou, Ludwig segurou as mãos da cabreira:

— Gwen, seria tão bom se você fosse mais velha!

— Por quê? Eu tocaria melhor?

— Não! É que assim eu poderia... poderia...

— Poderia o quê? — Will surgiu, de repente, empurrando o Kapel Meister — Venha comigo, Gwen! Vamos juntar os gatos da casa para levar ao salão!

O mestre ficou pensando em como seria bom obrigar Will a engolir sua geringonça, com fole e tudo.

Gertrud aproveitou o pandemônio e correu ao alojamento dos músicos. Pulou nos braços do jovem alaudista.

— Por favor, me esconda! Meu pai está furioso!

— Se ele nos vir assim vai ficar mais furioso ainda, pequena Gertrud!

— Pareço pequena, mas, na verdade, sou grande!

— E onde está o resto?

— Resto do quê?

— De você, ué!
— Oh, céus! Você é cego?
— Oh não, pequena Gertrud. Graças a Deus!
— Bem, esconda-me agora!
— Onde?
— Deixe-me entrar no seu quarto!
— De jeito nenhum. Ainda não esvaziei os vasos noturnos!
— Então vamos nos esconder no jardim!
— E por que eu preciso ir? Ninguém está me perseguindo!
— Aí é que você se engana!

Desesperada, Gertrud arrancou o tamanco para agredir o tocador de alaúde que se pôs em fuga.

— E corra bastante, que, se o agarro, mando cozê-lo em azeite fervente!

Quando Frida tentou escapulir para o jardim, foi barrada por Ethel, que pretendia entregá-la a tio Berg. Deu uma tremenda canelada na preceptora e saiu a toda pelo corredor, mas não tinha como sair da casa. Sentia-se acuada como um bicho na caça, mas não tinha onde se esconder.

Então a porta de um armário se abriu e uma mão a puxou para dentro. A porta foi rapidamente fechada.

— Ei, quem é o idiota... Mark? Você?
— Shh! Quieta! Ninguém vai achá-la AQUI!

A baronesinha estava espantada. Mark, tão controlado! Tão antipático olhando-a com desdém... O primo passou-lhe o braço pelo ombro e a segurou junto a si. Lá fora, ouviam-se passos, gritos, pragas, correria... Os gatos, soltos no salão, aumentaram ainda mais a confusão. Mark cochichou para a prima:

— Você é louca, Frida!

Ela sentiu o hálito dele — era agradável. Sentiu que os lábios do primo roçaram sua orelha.

Virou-se para ele:

— Você me deve um beijo de boas-vindas, primo!

O rapaz beijou-lhe rapidamente a face e abaixou a cabeça. Estava escuro dentro do armário, mas Frida seria capaz de jurar que Mark havia ficado vermelho. A ruivinha achegou-se a ele e ofereceu os lábios. Ele se aproximou e as bocas já quase se encontravam quando Mark a largou bruscamente:

— O barulho acabou, prima. Podemos sair! Abriu o armário e foi-se quase correndo pelo corredor, suando frio.

Frida sentiu-se humilhada e saiu planejando mil vinganças. Enquanto isso, trancado em seu quarto, Mark dava murros em sua própria cabeça:

— Por que Deus me fez tão burro? Estupidamente burro?

Finalmente, acalmou-se a situação, tendo sido registrado um total de três cortinas despedaçadas, uma toalha queimada, um gato chamuscado, dois vestidos descosturados, cinco chapéus pisoteados, quatro perucas desaparecidas, uma mordida no dedo de um marquês, algumas esfoladuras e um total de nove desmaios, sendo oito de damas convidadas e o nono de um jovem músico que parecia ter sido agredido na cabeça por um objeto de madeira.

Logo o bom humor voltou a reinar entre os convidados. Também, com tantos barris de vinho à disposição e a cerveja que jorrava de um chafariz no jardim, quem não se alegraria?

E eram tantos cabritos e javalis assados, faisões recheados, bolos de mel, fios de ovos e — para as crianças — a maravilha das maravilhas: sucos de frutas estranhas, que o Barão mandara buscar no Novo Mundo!

Gwen já estava estufada, mas não parava de encher seu copo:

— Experimente esse, Will! Uma maçã parece não ter gosto de nada perto disso!

— Chega, Gwen! Você vai ficar com dor de barriga!

— Eu sei! Mas vale a pena! Oh, Will, quando a gente for morar no Novo Mundo vamos ter tudo isso no quintal!

— Certo, isso se você não morrer de congestão antes!

Durante o dia, os convidados passeavam pelo imenso jardim. A primavera convidava ao amor e era quase impossível encontrar um lugar vazio para namorar.

Não havia um só monte de feno ou aléia escondida que não estivesse ocupado por um casal apaixonado.

Os pais das mocinhas casadoiras seguiam as filhas como sabujos, zelando por sua honra. A verdade é que o zelo diminuía à medida que a fortuna do pretendente aumentava.

Aproveitando o rebuliço, Frida era uma das mais assíduas freqüentadoras dos montes de feno e cantos obscuros. Gwen achava estranho que uma baronesinha andasse de amores com um bufão, mas como o Barão sempre dizia que a filha escolheria o próprio noivo, preferia não comentar nada.

Sempre os via enchendo grandes canecas de cerveja e depois desaparecendo entre os canteiros ou nas casinhas de lenha. Ou então passeavam de barco pelo lago, Frida rindo e Francesco encantado em diverti-la.

Às vezes, Gwen gostaria que Will fosse mais ousado. Às vezes trocavam um beijo, mas ele achava que era melhor esperar o casamento.

— Você sabe que a ordem é que as meninas não casem antes dos quatorze anos e rapazes, antes dos dezesseis! Mas faltam dois anos, Will! É muito tempo! Todo mundo dá um jeito!

— Eu sei! Falsificam o registro de batismo! Mas é errado, Gwen! Podemos esperar!

— Will, você é tão correto que chega a irritar!

Após o incidente com o tamanco, o alaudista parecia ter reparado em Gertrud.

— Não acredito, Gwen! Ele me convidou para ouvi-lo tocar no bosque!

As crianças seguiram o jovem par às escondidas e ficaram observando quando os dois se sentaram debaixo de uma árvore frondosa.

— Aposto que agora ele beija Gertrud!

Mas não. O jovem tomou do alaúde e começou a tocar e cantar tristes canções.

Após algum tempo, os assistentes se cansaram e foram brincar.

Voltaram uma hora depois para ver o que acontecia. O moço ainda tocava. Por três vezes saíram e voltaram e viram-no da mesma maneira — e Gertrud cada vez mais emburrada.

Na quarta vez, parecia que tudo seria igual, mas, de repente, Gertrud não se conteve e, em um impulso, arrebatou o alaúde e despedaçou-o na cabeça do jovem músico.

Houve uma gargalhada geral e, com o barulho, Frida e Francesco, que namoravam em cima da árvore, desabaram no chão em cima dos dois contendores.

Ficaram os quatro embolados no chão tentando levantar-se entre os cacos do alaúde. Gertrud chorava de raiva quando sentiu um rápido beijo na testa; e o músico fugiu correndo enquanto Frida gritava:

— Idiota! Mil vezes idiota!

Frida convidou os companheiros para acompanhá-la ao acampamento dos saltimbancos:

— Francesco está me ensinando alguns truques. E disse que vai me dar um presente!

— Vamos! Quem sabe *Signora* nos lê a sorte outra vez!

Apenas Joseph não quis ir:

— Eu não vou! Não gosto dessa gente!

— Não vá, ué! Não faz falta nenhuma.

Gwen estava preocupada com o gêmeo. Johan e ela também haviam trocado beijos, mas por curiosidade. Ela nunca escondera o fato de que queria se casar com Will. Mas Joseph sofria vendo Frida com Francesco. Se ela o houvesse trocado por um nobre ele aceitaria — sabia que um dia isso ia acontecer. Mas um bufão? Era ainda menos que um criado na escala social. Oh, como ele desejava que a corda bamba arrebentasse ou os tigres estraçalhassem o intruso!

No acampamento, a *Signora* serviu-lhes chá e, ao final, leu a mensagem que as folhas deixaram ao fundo para cada um.

Disse a Gwen:

— Na verdade, somos todos saltimbancos de Deus. Cada vida é um novo ato. Mudamos de papel, mas mantemos nossa velha alma!

— Então nós nunca mudamos?

— Mudamos em passos muito lentos. O Novo Mundo não criará novos homens — ajude a não permitir que as velhas almas façam do Novo Mundo um lugar tão ruim como o Velho Mundo!

— Eu? E como eu ajudaria?

— Não se preocupe, você saberá quando chegar a hora!

Frida estava sentada nos joelhos do bufão, que lhe trançava os cabelos ruivos:

— E para mim? Há alguma mensagem?

— Baronesinha, um ser não vive sem coração. Assim, se tomamos para nós o coração de alguém, tornamo-nos responsáveis pela vida dessa pessoa.

— E se nós o devolvermos depois?

— Já não será o mesmo, seria como soltar nos céus a ave que transpassamos com uma flecha e esperar que ela voe!

Frida deu de ombros e exigiu:

— E afinal, cadê o meu presente?

— Ele entrará pela porta agora mesmo!
E no exato momento, um enorme urso, vestido como um cavalheiro e exibindo imensa peruca, entrou cambaleando nas patas traseiras, qual a caricatura de um homem.
As crianças puseram-se a pular e berrar, entre assustadas e encantadas.
— Fritz é manso como um cordeiro! Sabe dançar, pular corda e jogar bexigas!
— E será que ele vai me obedecer?
— E alguém não obedece à baronesinha?
E assim voltaram todos, muito satisfeitos, à casa do Barão, onde Fritz fez a alegria dos convidados, exceto de um tal de *herr* Fritz que, além de mal encarado e corpulento, ostentava uma peruca idêntica à do urso.

Todas as noites havia danças no enorme salão.
Frida era requisitada por quase todos os rapazes presentes, quer porque a achassem interessante, quer porque a soubessem a única herdeira do Barão.
A todos ela humilhava, fossem quais fossem suas intenções.
Gwen e Will dançavam alguns minuetos e a novidade das quadrilhas. Gertrud se aborrecia por ter que dançar com Kerr:
— Com irmão não tem graça!
Bem que tio Berg procurava interessar os ricos rapazes pela filha, mas ela só tinha olhos para o jovem Otto, o alaudista que tocava junto com outros músicos:
— Não é justo! Se ele pudesse parar de tocar, dançaria comigo!
— Será? Ele foge de você como o diabo da cruz!
— É mentira!
Frida interviu:
— Isso é fácil de resolver! Kerr toca alaúde, não toca?
— Bem, um pouco, embora papai não aprecie muito!
— Então você vai substituir Otto por algumas danças!
Livre da obrigação de tocar, todos fitavam Otto a ver o que ele faria. E ele tomou a decisão rapidamente — correu rumo à mesa de doces e pôs-se a comer vorazmente.
Furiosa, Gertrud arrancou-lhe das mãos um pedaço de torta:
— Largue isso, guloso. Você vai dançar comigo!

Otto obedeceu, embora seu olhar continuasse preso às guloseimas. Mas, mal traçaram os primeiros passos, tio Berg apareceu acompanhado pelo obeso *herr* Fritz:

— Filha, este senhor pede a honra de acompanhá-la nesta dança!
— Oh, não! Se ainda fosse o outro Fritz!

Tio Berg riu sem jeito:

— Gertrud é muito espirituosa! Bem, vamos filha, dance com *herr* Fritz!
— Papai, é uma grosseria largar Otto no meio do salão!
— Ora, nada que uma jovem nobre faça a um reles tocador de alaúde pode ser considerado grosseria!

CHEGOU ENTÃO A ESPERADA NOITE em que os saltimbancos viriam à casa do Barão para apresentar-se aos convidados.

O anfitrião fez com que se construísse um picadeiro e arquibancadas com pequenas almofadas para que as senhoras emproadas não tivessem seus traseiros ofendidos.

Duas imensas mesas repletas de iguarias foram preparadas: uma para os convidados e outra para os artistas, que, embora recebessem de tudo, não podiam misturar-se aos nobres.

Gwen não entendia por que isso. Foi perguntar à Baronesa:

— *Frau* Clara, eu sou uma pobre cabreira, como meu Avô, minha Mãe, Zutz, Will. E, no entanto, podemos partilhar sua mesa. Por que os saltimbancos não podem?

— Gwen, sua família é de pessoas pobres, mas não de criados. O Avô é dono de seu próprio nariz e das próprias cabras. Foi condecorado em uma das guerras.

— Eu não sou criada de Frida?

— Não, querida. É dama-de-companhia, com direito até a um pequeno dote. Assim como Ethel é uma preceptora, o que a faz mais que uma copeira, por exemplo. Já a família dos gêmeos tem servido à nossa há muitas gerações. Por isso eles não comparecem aos bailes, por exemplo.

— E o que têm os saltimbancos com isso?

— Bem, creio que eles são considerados pela sociedade ainda abaixo dos criados.

— Mas eles são livres, não são?

— Completamente livres, Gwen. Por isso incomodam.

— Mas isso é um absurdo, não é, *Frau* Clara?

— Com certeza, Gwen! Mas a lógica dos poderosos não é capaz de perceber o que até uma cabecinha de menina entende!

Candelabros coloridos iluminavam o circo improvisado na propriedade do Barão. Aliás, improvisado era maneira de dizer, pois estava muito mais luxuoso do que o circo de verdade onde os saltimbancos se apresentavam todas as noites.

Frida estava feliz porque tivera permissão para participar do espetáculo. Aprendera alguns truques com Francesco e queria mostrá-los. Tio Berg fez um terrível escândalo:

— Mano, você perdeu o juízo! Uma baronesa pisar no picadeiro? Não convém a uma dama!

— Frida ainda é uma criança. Terá tempo de sobra para ser uma dama. E garanto que isso lhe será muito tedioso!

Começou, então, o maior espetáculo da terra.

Acrobatas davam piruetas em cima de cavalos que pulavam arcos de fogo. Uma mulher dobrava-se em quatro como se não tivesse ossos pelo corpo. Feras ronronavam como gatinhos.

Francesco andou e bailou em um arame pendente, arrancando aplausos da platéia, menos de Joseph, que o vaiou.

Naquela noite, uma parte das arquibancadas (sem almofadas) fora reservada aos criados.

Causou muita comoção a apresentação da *Signora*, que de olhos vendados adivinhava o nome, idade e sentimentos dos assistentes, apenas tendo nas mãos um objeto de uso pessoal, qual uma luva ou leque.

Houve um momento de mal-estar quando a *Signora* afirmou à bela esposa de um baronete baixinho e barrigudo que o dono de seu amor era um jovem louro e espadaúdo. O marido pôs-se a espernear furioso. A esperta cigana esclareceu que se referia ao futuro filho do casal, o que aliviou profundamente a um marquês jovem, louro e espadaúdo que assistia ao espetáculo junto ao casal.

Gwen teve a impressão de ver o marquês depositar algumas moedas nas mãos da vidente, mas estava tão agitada que não pôde ter certeza.

Na hora da pantomima, o circo quase veio abaixo. Francesco fez com que todos rolassem de rir. Inclusive *herr* Fritz, cuja volumosa pança balançava com as gargalhadas, provocando náuseas em Gertrud.

Então, Frida apresentou-se ao picadeiro, e de suas orelhas e nariz Francesco tirou pombos, coelhos, lenços coloridos, moedas.

Terminou arremessando ao rosto da namorada uma imensa torta que, no último instante, virou uma chuva de lindas flores.

Após os frenéticos aplausos, Frida anunciou que também faria alguns truques. Todos se preparavam para aplaudir, afinal tratava-se da baronesinha.

— Preciso de um ajudante para minhas mágicas. *herr* Fritz, por favor, venha cá. Isso! Fique aqui! Assim como Francesco tirou de mim pombos, coelhos e borboletas, vejamos que belos bichinhos posso retirar desse guapo mancebo!

E assim, minhocas, lesmas e até um porquinho de peruca pareciam sair do pobre obeso pelas mãos da terrível ruivinha.

O público gargalhava, sendo que a risada de Gertrud se sobressaía às demais.

— E agora, peço o auxílio de meu querido tio Berg para o último número!

Assim que chegou ao centro do picadeiro, tio Berg pensou que não devia ter ido até lá.

E não teve tempo de pensar em mais nada no segundo que antecedeu o choque entre uma imensa torta de creme azedo e o seu rosto indignado.

Terminado o espetáculo, foram todos comer. Mas a idéia das mesas separadas não funcionou.

A própria Frida foi a primeira a ir à mesa dos saltimbancos. As outras crianças seguiram-na.

Era a última noite da festa. As moças e os rapazes estavam agitados. Era preciso que ocorresse tudo o que não havia acontecido antes.

Até os emproados, que haviam procurado em tudo algo para se aborrecer, perceberam que esta noite era a última chance que tinham para se divertir.

Will foi a atração da festa. Movimentando seu fole sem parar, fez com que todos dançassem as lindas melodias que os helvécios sempre dançaram nas montanhas e nos lagos.

O Barão era um homem sábio e percebeu que o jardim não podia ser mantido em divisão. Chamou o Avô, que era ainda mais sábio, e pediu que avisasse isso a todos.

O Avô tocou sua trombeta com tal ímpeto que todos pararam o bulício e prestaram atenção:

— Senhores: Deus fez as montanhas e os vales! A neve e as flores! O nobre e o artesão, o papa-defunto e o bufão! Fez as gaivotas e os peixes assim como o céu e a terra! Mas quando Ele criou a Primavera, com certeza queria que todos estivessem juntos!

E assim, a festa daquela noite ainda ecoa pelas montanhas.

As moças usavam roupas de montanhesas (falsas, é claro, pois nenhuma pastora se veste de seda) e todos dançaram como irmãos. Frida com seu bufão, o Barão com a *Signora*, Clara com o pai dos gêmeos, moças nobres com os criados, Ludwig com Ethel. Até Otto aceitou o convite de Gertrud para as contradanças. Mark chegou a tamborilar os dedos ao ritmo da música enquanto Herta, sem perceber, adaptava o rodar da roca à evolução das músicas.

Tia Ilka, que jamais dizia palavra, cantava alto, entornando canecas de cerveja enquanto tio Berg, completamente ébrio, dançava minuetos com o urso Fritz.

Apenas três pessoas não dançavam: Gwen, sentada aos pés de Will, que manejava seu fole sem parar. E o Avô, que pondo as mãos na cabeça dos netos comentou:
— Abençoadas vocês crianças, que conseguiram que, ao menos por um dia, os homens fizessem aquilo que Deus sempre quis que eles fizessem!

Na manhã seguinte, as carruagens começaram a deixar a propriedade do Barão.

Todos tinham o coração apertado dentro do peito e um gosto de losna na boca. Mas muitos casamentos haviam sido marcados e muitos negócios acertados.

O Avô, Herta, Zutz e Will voltaram à montanha para a tristeza de Gwen, a quem Clara havia pedido que ficasse por mais tempo.

Os saltimbancos partiam para outra aldeia, para irritação de Frida e desespero de Francesco, que prometeu vir vê-la sempre que pudesse.

Assim, à noite, umas poucas pessoas se reuniam no salão quase vazio: além dos anfitriões e a família de tio Berg, havia alguns primos do Barão, nobres de menos importância. E estavam também os músicos, que tocavam melancólicas baladas. Só teriam permissão de partir após o último convidado.

Então, tio Berg pigarreou e tomou da palavra:

— Irmão, parto amanhã de volta às terras do Norte. Mas antes de seguir tenho duas coisas importantíssimas a declarar. Você sabe que há mais do que interesse pela fraternidade nesses festivais. As boas famílias devem se unir para que possam manter-se prósperas e felizes. Tenho, assim, a alegria de comunicar que meu filho Mark incumbiu-me de pedir a mão de sua filha Frederika Gretel em casamento!

O Barão ficou um pouco perturbado:

— Mano, com certeza seu pedido muito me honra e seria bastante conveniente para nós a união de nossos filhos. Porém, prometi a Frida que lhe daria a liberdade de escolher o próprio marido. Sendo assim, repasso a ela o seu pedido.

— Filha, aceita ser esposa de seu primo Mark?

Aos segundos de pesado silêncio seguiu-se uma crise de riso tão acentuado que beirava a histeria. Frida se engasgava com as próprias gargalhadas. Tio Berg tornou-se mais rubro que o vinho das jarras. O Barão procurou disfarçar:

— Não ligue, mano. Frida é uma criança. Vamos esperar até o próximo ano!

Tio Berg engoliu o desaforo, pois dependia do irmão. Desapontado, continuou seu discurso:

— Bem, infelizmente você vê sua filha como uma criança. Porém, eu vim decidido a encontrar para Gertrud um bom partido. Sei que a lei é ridícula quanto à idade de casar-se uma moça, mas isso, é claro, vale para os pobres, para que as moças não parem de servir aos amos muito cedo. Quero netos de boa linhagem e sei por minha esposa Ilka que Gertrud já é capaz de gerá-los. Assim, quero marcar agora o enlace de minha filha com *herr* Fritz, que honrosamente a pediu.

Gertrud pensou que ia morrer. Como morria de medo do pai, implorou à mãe, cochichando:

— Mamãe! Não posso casar com um homem com três vezes a minha idade e dez vezes o meu peso!

Mas tia Ilka apenas abaixou a cabeça.

Tio Berg, então, prosseguiu triunfante:

— Bem, vamos então marcar a data, já que todos estão de acordo!

Mas uma voz surgiu tão repentinamente que todos demoraram a localizar seu dono:

— Eu discordo!

E tio Berg, apalermado, viu Otto aproximar-se dele, trazendo o alaúde ao peito, qual um escudo:

— Gertrud é minha prometida, senhor! Imploro que não a entregue a outro. Peço-lhe sua mão e farei com que sua filha seja muito feliz!

Ninguém conseguia acreditar no que ouvia, muito menos Gertrud. Tio Berg agarrou uma faca sobre a mesa e foi de encontro ao rapaz:

— Tal ofensa não pode ter perdão! Como pode um verme não saber que deve apenas rastejar?

Mas alguém pulou entre os dois antes que o pior acontecesse. Era um dos primos do Barão:

— Pare, primo Berg! Quero confessar uma coisa: Otto é meu filho bastardo. Tive-o de uma pastora depois que minha mulher morreu de parto no sétimo filho. Queria desprezá-lo, mas sua coragem me comoveu. Reconheço-o agora como filho e terá direito à minha herança!

— Pois bem! Posso poupar-lhe a vida, mas nunca entregar minha filha. Afinal, ele é filho de uma pastora. E ainda por cima é músico!

— Se deixá-los casar não precisa sequer oferecer dote!

Tio Berg balançou um pouco. O Barão aproveitou para intervir:

— Deixe a menina decidir, mano!

Mas Gertrud não pôde responder nada. Estava desmaiada no tapete.

Na manhã seguinte, um cavalo partiu levando no lombo um músico e, na garupa, uma menina carregando um alaúde. Um pouco mais tarde, a família de tio Berg seguiu para o Norte. Mas a carruagem tinha um lugar vazio.

Os dias que se seguiram ao festival foram lentos e arrastados. As meninas se distraíam com Dobs e o urso e, por vezes, brincavam de esconder com os gêmeos pelas aléias.

Ethel fez com que todos voltassem às suas obrigações. Fazia-nas declinar verbos em latim e copiar enormes trechos da Bíblia.

Gwen assistia Frida enquanto ela praticava francês e acabou aprendendo razoavelmente.

Para música, a baronesinha era uma negação. Embora tivesse uma bela voz de contralto, só gostava de canções cujas letras deixavam Ethel vermelha.

As aulas de desenho eram uma tortura para Gwen. Enquanto Frida dava vida às telas, os cães que a pastora desenhava mais pareciam gatos e vice-versa.

Frida estranhava que Francesco não a houvesse procurado; isso a irritava, não porque sentisse falta dele, mas porque não podia crer que ele não sentisse sua falta:

— Sempre achei que ele era um idiota!

Uma tarde, Dobs escapuliu para a ala dos criados e entrou pela janela dos gêmeos. Frida e Gwen entraram atrás. A serpente enfiou-se por uma gaveta e a ruivinha escancarou a camiseira atrás de sua mascote. Entre as roupas brancas, encontrou bilhetes escondidos, que foi lendo, sem a menor cerimônia:

— Frida, isso não é seu!

— O que é de meus criados é meu também! E depois ninguém vai saber que... ei! Olhe isto, Gwen! São recados de Francesco! Esses idiotas estavam boicotando os bilhetes!

Gwen não resistiu à curiosidade. Pôs-se a ler o bilhete, bem mal escrito, por sinal.

Cara mia, doce baronesinha (Gwen sufocou o riso — Frida, doce? Era preciso estar muito apaixonado) **é a terceira vez que a espero no lugar combinado nos dias de feira e não a vejo. Por isso, peço novamente, através de seu criado, que venha me falar.**

Os gêmeos entraram nesse momento e a cor que se espalhou pelo rosto de Joseph era uma confissão.
E assim, durante algum tempo, tornou-se fácil distinguir os gêmeos. O que tinha marcas de unhas no rosto era Joseph.

Assim, as meninas passaram a ir à aldeia nos dias de feira. Gwen achava divertida a algazarra.
Homens exibiam cãezinhos amestrados, mulheres tocavam gansos pelas ruas, como se fosse gado.
Havia imensas pilhas de maçãs e Frida se divertia puxando as de baixo, fazendo-as desmoronar.
O que mais deixava Gwen feliz era encontrar o português. Ele vendia animais exóticos que trouxera do Novo Mundo, como aves verdes que falavam palavras indecorosas, macacos minúsculos com jubas de leões, imensos gatos pintados.
A cabreira ficava muito tempo conversando com o português, enquanto Frida sumia com Francesco.
— A menina havia de gostar lá daquela terra! É tudo diferente de cá. Há avezitas de todas as cores e frutas que parecem caídas do céu. E os gentios, então?
— Gentios?
— Pois é! Os habitantes lá da terrinha! São da cor de cobre e têm cabelos negros e lisos. E a menina acredita que andam em pêlo, a mostrar suas vergonhas qual se fossem crianças?
— Assim, sem nada?
— Usam guizos e penas coloridas e só. Mas pudera! A terra é quente, pá! Não há precisão de roupas!
Gwen sempre comprava algum bichinho, mas era difícil cuidar deles. Muitos escapavam e outros morriam de tristeza.
— O senhor não devia tirá-los de onde nasceram!
— A menina tem razão. Mas preciso de um dinheiro para voltar para lá. Ah, se me pilho outra vez naquele paraíso eu é que cá não torno!

Frida voltava tarde e Ethel ficava desconfiada. Mas suas broncas eram sempre para Gwen:

— Não vejo a hora que a levem de volta para a montanha. Pagam-me para instruir meninas e não para cuidar de cabras.

Uma noite, Gwen acordou de repente e ouviu cochichos no quarto. Havia alguém com Frida. A cabreira mal pôde perceber o vulto embuçado sair pela janela.

— Frida, e se alguém o encontrasse?
— Diria que ele tinha vindo ver você, é claro!
— Eu ia negar!
— Não seja idiota, Gwen! Você sabe que não negaria!

Mas nisso um horrível barulho se ouviu no jardim. Os mastins do Barão, mais temidos que os próprios leões, atacavam alguém. Desesperadas, as meninas divisaram um vulto cambaleante pulando o muro:

— Os cachorros estavam presos, Gwen! Quem foi o idiota que os soltou?

Não pregaram o olho a noite toda. Mal o sol nasceu saíram ao jardim. Os criados estavam em polvorosa:

— Deve ter sido ladrão, patroinha! Conseguiu pular o muro, mas deve estar bem ferido. Veja os rastros de sangue!

Gwen soltou um berro e Frida pôs-se a tremer:

— Tem certeza de que era um ladrão?
— Bem, na verdade não sumiu nada! Mas se não era ladrão, quem seria?

Durante toda a manhã as duas amigas esmurraram as paredes, choraram e esperaram notícias. Já de tarde, Ethel entrou esbaforida no quarto:

— *Fraulein* Frida, há lá embaixo uma mulher horrorosa querendo vê-la!

— Que mulher?
— Sei lá! Não é uma dama! Uma cigana ou coisa assim. Não queria permitir que entrasse mas ameaçou-me com sortilégios e disse que a baronesinha havia de receber a *Signora*!

— Mande-a aqui, Ethel, agora!

A *Signora* estava pálida e abatida. Mas mantinha a cabeça erguida:

— Baronesinha! Meu filho precisa da senhora! Está muito ferido. Eis o que seu amor fez com ele!

— Foram os cães, e não o meu amor!
— As mordidas dos mastins irão cicatrizar! As feridas de amor jamais se fecham!
— Onde ele está?
— Na aldeia vizinha!
— Vou já! Frida tocou a sineta:
— Johan, sele meu cavalo e outro para Gwen! Acompanhe-nos à aldeia vizinha.
— Agora, senhorita?
— Não, já!
As meninas partiram a galope, acompanhadas pelos gêmeos.
A *Signora* montava com desembaraço, apesar da idade. Chegaram ao entardecer. Frida entrou no carroção, onde Francesco delirava com a febre. Tinha ataduras nas pernas e braços.
— Frida, você veio?
— Você é um idiota, Francesco! Deixar-se apanhar!
— Não vá embora, Frida! Fique comigo!
— Não posso! Mas hei de descobrir o culpado!
O bufão a beijou apaixonadamente enquanto a cigana a tudo assistia com o rosto endurecido. Então chamou Frida.
— Baronesinha, quero falar com você!
Frida saiu com a cigana e Gwen quis ir atrás para ouvir a conversa. Mas Francesco a segurou pelo braço:
— Gwen, fique, por favor!
— Eu?
— Você é a melhor amiga de Frida, não é?
— Acho que sim! Mas ela é tão estranha!
— Gwen, prometa que não vai deixar Frida judiar de mim!
— Não posso prometer! Ela não ouve ninguém!
— Eu quero fazê-la feliz, Gwen! Me ajude!
— Prometo que vou tentar! Se ela quiser tratá-lo mal eu vou falar com ela!
— Você é uma grande amiga, Gwen! Nunca saia do lado de Frida!
O bufão apertou a mão da pastora.
— Se depender de mim, eu não deixo ela fazer nada errado. Mas não sei se vou conseguir, Francesco!
— Amigos, Gwen?
— Amigos!

Quando a *Signora* e Frida voltaram para o carroção, Gwen tentou decifrar algo no rosto da companheira. Encontrou apenas alguns traços de ironia.

A ruivinha sentou-se à beira da cama do namorado:
— Está doendo muito?
— Agora que você está aqui não dói mais!
— Você passaria isso de novo por mim?
— Cem vezes, se precisar!

Foi impressão de Gwen ou ela viu realmente um brilho de vitória no rosto da baronesinha?

Na despedida, Francesco pediu:
— Venha me ver, Frida. Não poderei andar por um bom tempo!

A um canto, a cigana traçava cruzes no ar, com um ramo nas mãos.

Montaram os quatro. Gwen sentia o coração apertado como se lhe houvessem jogado às costas um peso enorme. Os gêmeos iam cabisbaixos. Frida se virou para Joseph à queima-roupa:
— Foi você, não foi Joseph? Foi você o idiota que soltou os cachorros!

Joseph sempre fora um servo. Já nascera servo e servindo morreria. Mas levantou a cabeça e enfrentou a patroa pela primeira vez na vida:
— E soltaria outra vez se ele aparecesse lá! Mas não é a ele que eu odeio, Frida! É a você! Sei que sou seu criado, mas você não manda no meu coração!
— Cale-se, idiota!
— Não, desta vez o idiota não vai se calar! Por quê, Frida, por quê? Ainda se você gostasse dele! Mas não! Um criado ou um bufão não servem para uma baronesa. São brinquedos que se joga ao monturo quando se cresce. É para lá que eu vou, Frida! Para o monturo! E lá vou ficar esperando pelo seu bufão!

Joseph esporeou o cavalo e sumiu da vista. Da vista e da vida dos companheiros. Ninguém nunca mais o viu.

Johan, o pai, o Barão, Clara, todos o procuraram. Apenas Frida nunca perguntou por ele, nem quando viu o cavalo voltar sozinho à propriedade.

Nunca o encontraram. Mas também ninguém teve a idéia de procurá-lo no fundo do lago, onde afogou para sempre seu amor não correspondido.

Assim acabou a primavera e o verão já ia pelo fim. Os dias, que eram tão longos, foram se tornando mais curtos.

Como já começasse a esfriar, Gwen foi tirar do armário os vestidos que trouxera da montanha. Além de curtos, estavam apertados nos seios e nos quadris.

Os blocos de madeira e os outros brinquedos de Frida já quase não saíam das prateleiras.

Aproveitavam o tempo livre para dar passeios a cavalo e levar pão às gaivotas do lago.

Johan já quase não brincava mais com elas e Frida começou a receber a corte de filhos de nobres da vizinhança.

Como Francesco ainda estivesse doente, as meninas é que precisavam ir vê-lo na aldeia vizinha. Mas Frida muitas vezes não ia. Inventava desculpas:

— Não posso, Gwen, estou muito ocupada!
— Ocupada com quê? Só se for para pentear a juba do leão!
— E se for?

Gwen, então, ia sozinha. Dizia ao bufão que Frida estava com febre ou coisa parecida. Levava-lhe recados que ela não havia mandado. A *Signora* ouvia as lorotas com ironia nos olhos negros.

Quando a baronesinha ia vê-lo, ele parecia bem melhor.

As meninas foram conhecendo todo o pessoal do circo: o homem-forte, que esmigalhava pedras nas mãos mas era incapaz de matar um mosquito, a mulher-barbada, por quem o marido era apaixonado, o anão com mania de grandeza, a bailarina que sofria de lumbago... eram todos parentes de Francesco, tios, primos.

Ficaram sabendo que a *Signora* a quem ele tratava por mãe era, na verdade, sua avó, que o criava desde que os pais morreram em um acidente com o trapézio.

No meio do outono, Francesco pôde começar a sair e, embora com fortes dores, voltou a fazer suas pantomimas e a visitar Frida sempre que podia.

Todas as tardes, Gwen ia passear à beira do lago para ouvir de longe a trombeta do Avô chamando as cabras. Isso lhe trazia lembranças de Will.

O amigo não ia sempre vê-la, pois tivera um desentendimento com Frida. Em uma tarde em que chegara à casa do Barão, Will encontrara a ruivinha namorando um dos rapazes da aldeia.

— Frida, Francesco quase morreu por sua causa! Você não devia!
— Não seja idiota, Will! Um puxador de fole não vai me dizer o que fazer!
— É melhor apertar o fole que andar aos apertos com qualquer um!
— Pois você pegue seu fole e enfie...
Gwen precisou separar os dois, que já iam se engalfinhando. As unhas de Frida eram piores que as garras de uma águia.

Distraída com as lembranças, Gwen não percebeu que havia escurecido.

Corriam muitas histórias horríveis sobre assaltantes que viviam em grutas nas montanhas. E também eram conhecidos casos de seguidores de algumas heresias que atacavam mulheres de outras, e também que os católicos procuravam desonrar moças protestantes para dizer que elas eram devassas.

Gwen sentiu uma pontada de medo e acelerou o passo. Teve a impressão de que alguém a seguia e quis correr, mas o joelho nunca ficara muito bom. Aterrorizada, sentiu um braço lhe envolvendo a cintura. Deu um princípio de grito mas uma lâmina fria encostada na garganta a fez calar:

— Calma, beleza! Vamos nos divertir um pouco!

Gwen tentou se debater, mas a lâmina já começava a machucar.

— Não adianta, beleza! Não há ninguém por perto!

Gwen quase desmaiava, quando alguém aplicou um golpe no agressor, que deixou cair a arma soltando um nome feio. Os dois homens se engalfinharam e Gwen não sabia se agora tinha um defensor ou dois atacantes.

Finalmente, o homem que a atacara caiu no chão, ferido, e o outro aproximou-se dela, que tremia:

— Não me toque!
— Gwen, sou eu! Já passou, eu te levo para casa!
— Francesco?
— Eu vim tentar ver a Frida. Venha! Vamos, antes que ele acorde!

Gwen bebeu um destilado forte, trocou a roupa encharcada e foi deitar, prostrada, enquanto Frida escapulia pelos fundos para ver o namorado.

Na manhã seguinte, toda a aldeia já sabia que um jovem nobre havia sido encontrado ferido junto ao lago.

O pobre rapaz alegava que havia defendido uma mocinha que era atacada por um malfeitor — um desses vagabundos do povo.

Gwen ficou muito abalada e por alguns dias não saiu de casa.
— Sabe, Frida, aquele dia eu não notei que já era tão tarde.
— Eu sei por quê. Você não ouviu a trombeta do Avô. Aliás, há várias tardes que eu também não ouço!
— Céus! É mesmo!
Johan bateu à porta pedindo licença. Estava taciturno e dirigia a palavra apenas a Gwen. Jamais olhava para Frida:
— Chegou uma carta para as senhoritas!
Estendeu a mensagem para Gwen, mas Frida pulou na frente e agarrou-a:
— É de Gertrud!
— Leia depressa, vamos!

Cara prima Frida, cara amiga Gwen: estou aqui, vivendo no solar do pai de Otto. Estamos esperando a ordem do bispo para podermos nos casar porque ainda não tenho idade suficiente.

A prima sempre disse que Otto era um idiota, mas isso não é verdade. Muito esperto ele não é realmente, mas é carinhoso e passa os dias a ensinar-me alaúde e a pentear os meus cabelos. Acho que mais que isso ele não sabe fazer, mas vai ter que descobrir depressa porque vamos casar no próximo mês.

Meu sogro é um homem gentil e bonachão e resolveu que irá casar-se com a mãe de Otto, que é uma pobre pastora. Os nobres estão horrorizados, mas acho que ele faz muito bem.

E a prima, decidiu se aceita o pedido do meu irmão Mark ou foge com o circo?

Gwen, já está noiva de Will?

Mil beijos! Sinto falta de vocês.

A prima e amiga
Gertrud

— Você está pálida, Gwen. Algum problema? Gertrud está feliz!
— Não é isso, Frida. É que já anoiteceu e mais uma vez eu não ouvi a trombeta!

No outro dia, quando Will chegou para buscá-la, Gwen já estava esperando:

— O que aconteceu com o Avô, Will?
— Ele teve um ataque. Começou a espumar e a se debater. Agora ele tem um lado paralisado, não pode andar e não consegue segurar a trombeta!
— E agora, Will?
— Agora você precisa voltar à montanha, Gwen! Zutz não pode fazer tudo sozinho!

Gwen correu para arrumar suas coisas. Enquanto revirava os baús sentiu um aperto no peito: nada mais de chá e bolinhos na cama, apenas a luta para manter aceso o fogão e não deixar congelar a cabana. Adeus faisões e pães de mel — só caldos e mais caldos! Sem Frida para trocar idéias, teria apenas Zutz para conversar. Mas Zutz era um menino e os meninos não entendem nada.

E o mais desesperador — em vez do som cristalino da espineta, o contínuo gemido da roca.

Gwen começou a chorar.

— Não seja idiota, Gwen! Traga o Avô para cá. Mandarei um criado tratar dele!
— Ele não viria, Frida! Sempre disse que quer morrer nas montanhas!
— Ele é um velho idiota!

Gwen foi se despedir de Johan:

— Adeus, pequena Gwen! É triste vê-la partir! Sabe, pensei que um dia ia me casar com você!

Os dois se abraçaram e Will ficou vermelho de raiva, mas não disse nada.

Ludwig não parou de tocar nem quando Gwen contou que estava indo embora. Mas notava-se que tremia, embora disfarçasse com acordes.

O Barão abençoou a montanhesa:

— Cuide bem do Avô, Gwen. Já mandei aprontar um farnel para você levar a ele! E aproveito para contar que já dispus em seu nome um dote para o dia em que se casar!

Clara abraçou a amiguinha:

— Irei visitá-la, Gwen! Pelo amor de Deus, não estrague as mãos na roca! Elas foram feitas para a música!
Ethel suspirou aliviada:
— Graças a Deus! Sempre achei que o seu lugar era entre as cabras!
Gwen botou-lhe a língua:
— Pelo menos há algo de bom em ir embora!
Quando tudo estava acomodado no coche, Gwen foi despedir-se de Frida. Mas a baronesinha havia se trancado no quarto.
— Abra, Frida, quero me despedir!
— Não enche!
— Por favor, Frida!
— Vê se não me amola!
Gwen perguntou entre lágrimas:
— Você está chorando, Frida?
— Não seja idiota, Gwen!

Gwen levou um susto: o Avô não era mais o ancião formidável que todas as tardes ordenava ao sol que se recolhesse ao som de sua trombeta. Era apenas um velhinho frágil e torto, sentado em uma cadeira de balanço.

Nunca o zumbido da roca fora tão insuportável, nem a lenha tão pesada e o caldo tão insosso.

As primeiras neves congelaram o coração de Gwen. A montanha era linda, mas era tão triste. Só se sentia feliz quando Will vinha visitá-la.

Com o dote do Barão, Will animou-se a pedi-la em casamento. Seria na outra primavera, quando Gwen já estivesse completando catorze anos.

Nesse ano, Will construiria uma cabana bem mais confortável que a do Avô, e todos iriam viver lá.

Gwen gostava também da leitura da Bíblia à noite. Na casa do Barão não se fazia isso. Gwen achava que era porque os ricos não precisavam muito de Deus.

Às vezes discutiam, como no dia em que falaram sobre o Bezerro de Ouro. Zutz não concordava que a Reforma execrasse as imagens das igrejas.

— Não são lindas as igrejas romanas, com todo seu esplendor?
— Esse esplendor custou o sangue de muita gente!

— O senhor exagera, Avô!
Quando Gwen quis argumentar, Zutz veio com **as mulheres na igreja calam-se**. Arrependeu-se da frase quando a mão de Gwen estalou no seu rosto:
— Cruzes, mana! Você ficou tempo demais com a baronesinha!

A neve caía sem parar. Parecia que ia soterrar a cabana e, junto com ela, todos os sonhos de Gwen.
A vida se resumia a botar lenha no fogo e ferver a água do caldo. Esperar uma trégua do tempo para ordenhar as cabras e ouvir o horrível som da roca de Herta:
— Pare, Mãe, pelo amor de Deus!
— Está louca? Ainda mais agora que você está noiva? Vai precisar de muitos cobertores!
— Mãe! Nem que nunca mais haja primavera no mundo e eu viva cem anos não usarei tantos cobertores!
— Ora, cale-se e veja se o caldo está pronto!
Gwen sentia falta da espineta, dos livros, até das declinações em latim de Ethel. Ainda amava as montanhas e as cabras, mas tinha certeza de uma coisa: já não era mais uma cabreira!

Quando a neve parou por três dias, Gwen ficou muito feliz.
Primeiro porque Will veio vê-la e trouxe o fole. E, principalmente, porque Frida apareceu em um trenó carregado de presentes. Gwen quis correr e abraçar a amiga, mas a baronesinha disse apenas:
— Olá, Gwen!
Frida havia trazido bolos, carnes, livros, roupas. Mas o mais maravilhoso foi uma pequena espineta:
— Minha mãe disse que era um pecado privá-la de tocar!
Gwen nem conseguia falar. Então, reparou bem na amiga:
— Frida, você está tão diferente. Éramos do mesmo tamanho. Agora você dá duas de mim. Seus quadris estão largos e seus seios enormes. Parece uma daquelas Valquírias de quem o Avô conta histórias!
— Não seja idiota, Gwen! Não percebeu que estou grávida?
Gwen quase caiu sentada na neve:
— Grávida? Mas como foi?
— Tenha dó, Gwen! Você não sabe como se fica grávida?
— Claro que sei! Aliás, acho que sei! Mas você podia me contar o que aconteceu!

— Bem, Francesco continuou me procurando...
— Você vai ter um filho com sangue de cigano?
— E daí? Algum problema?
— Não, é claro! Eu gosto dele! Ele já sabe?
— Lógico! E ficou muito contente. Mandou arrumar um carroção só para nós dois!
— Você vai casar, Frida?
— Vou. Parto em cinco dias. Vim me despedir de você!
— Não posso crer! A baronesinha indo embora com o circo para morar com o bufão!
— Não seja idiota, Gwen! Vou para o Norte, casar-me com o insuportável primo Mark!

Os meninos se aproximaram e as duas amigas precisaram interromper a conversa.
Passaram a tarde todos juntos, fazendo guerras de neve e horríveis bonecos.
Frida pousou na montanha. Enquanto se lavavam, antes do caldo, Gwen perguntou:
— E Francesco? Ele sabe que você vai casar com Mark?
— Claro que não, Gwen! Ele está me esperando!
— Frida, isso é uma maldade!
— Maldade é permitir que uma criança inocente nasça e cresça em um carroção de circo!
Após o caldo, Will leu a Bíblia, a pedido do Avô:
— Aquele que não nascer de novo não verá o reino dos céus.
Zutz indignou-se:
— Jesus não pode ter dito isso!
— E por que não?
O Avô tinha a boca um tanto presa, mas estava completamente lúcido.
— Depois da morte só há dois caminhos para o homem: o Céu ou o Inferno!
— Claro, Zutz, o Céu para onde vão os ricos que não precisam roubar e o Inferno onde ficam os miseráveis que furtaram pão e as jovens que se desonraram por necessidade!
Herta falou, sem parar a roca:
— Avô, por bem menos muitos foram queimados!

— Se em uma cabana o pai e a filha não podem se entender sobre o que é Deus, como esperar que os homens não se queimem por suas crenças?
Zutz não se conformava:
— Avô, se Cristo fundou a Igreja, por que os homens a dividiram?
— Ele não fez isso, Zutz! Apenas nos ensinou a viver. A Igreja foi feita por homens e por isso os homens a manipulam a seu prazer!
— Pois não me desagradaria servir a Deus em um templo requintado!
— Ninguém o impede, meu filho!
Gwen estava intrigada:
— Avô, crê que podemos realmente nascer de novo? Será verdade?
— Espero que sim, Gwen! Quem sabe nos encontraremos de novo em um século por vir, talvez no Novo Mundo, e então diremos um ao outro: — Viram? Era verdade!
Gwen e Frida dividiam a mesma coberta. A baronesinha comentou:
— Espero que o Avô esteja certo, Gwen! Gostaria de encontrá-la de novo!
— Mesmo que seja no Novo Mundo?
— Bem, acho uma idiotice viver em um lugar quente, cheio de selvagens e bichos estranhos. Mas é mais idiota viver longe dos amigos!
— Como vou reconhecê-la no Novo Mundo, Frida?
— É fácil, Gwen! Você vai me reconhecer assim que eu chamá-la de idiota!

Após a partida da baronesinha, os dias se arrastavam. Gwen cuidava da cabana, catava as pulgas de Schultz, que a cada dia estava mais velho e gordo, ordenhava as cabras.
Descobriu o prazer de escrever histórias com o material que Frida lhe deixara. À noite lia para o Avô, que ria muito. Herta resmungava:
— Devia estar bordando o enxoval!
Quando Will chegava, tocavam juntos por horas. Paravam para se beijar, mas Herta reclamava:
— Meninos, que silêncio é esse?
Gwen descobriu que, conforme o andamento da música que tocava na espineta, fazia com que a mãe fiasse mais ou menos rápido.

Sentia uma enorme falta da aldeia, da casa do Barão.
Quando a neve amainou novamente, Will preparou o trenó. Precisavam comprar farinha e toucinho. Na aldeia, Gwen correu para a casa do Barão. Ficou decepcionada. Os patrões não estavam. Johan veio recebê-la:
— Como você cresceu, Gwen!
— E você? Até já tem barba!
— Deu azar, Gwen! Os Barões foram ao Norte, para o casamento de Frida!
— E os outros, Ethel, o Kapel Meister?
— Ethel vive bêbada! E Ludwig não pára de tocar, a não ser a cada três dias, para comer. Logo será internado com os socorristas.
— E você, Johan? O que tem feito?
— Vivido apenas, Gwen! Espero que um dia encontre uma garota como você. Mas não posso adivinhar o futuro!
— Procure a *Signora*! Ela é uma cigana poderosa!
— Você não sabe, Gwen?
— O quê?
— O que houve no circo?
— Fale, homem de Deus!
— Francesco esperou Frida vários dias. Como ela não apareceu, veio até aqui!
— E então?
— Ele ficou sabendo que a baronesinha tinha ido ao Norte, casar-se com o primo Mark!
— E o que ele fez?
— Ficou lívido e saiu sem dizer nada. Voltou ao circo.
— E depois?
— Dizem que à noite começou a gargalhar como um possesso e, com uma tocha, ateou fogo a todo o acampamento!
— Preciso ir até lá, Johan!
— Não vá, Gwen, não resta nada, apenas cinzas. Morreram todos. Não sobraram sequer as pulgas das feras!

Uma neve fina começou a cair.
— É melhor entrar, Gwen!
— Ethel pode não gostar!
— Oras, Ethel deve estar bêbada por aí! E depois, ficaremos na cozinha. Vou fazer um chá!

— Você?
— E por que não? Talvez eu nunca me case! Tenho que me virar.
Johan serviu o chá e sentaram-se no grande banco de madeira junto à mesa.
— Você realmente cresceu, Gwen. Nem parece a menininha que vivia me pregando peças!
— A gente muda, Johan!
— O que houve com o seu cabelo?
— Nada, está preso!
— Por quê? Gosto dele caindo na sua cintura!
— Não sou mais uma menina!
— Não, não é!
E Johan puxou o pente de osso que segurava as tranças de Gwen no alto da cabeça. O cabelo desceu em ondas escuras e Gwen se levantou em um pulo:
— Que idéia foi essa?
Johan a puxou para si e a beijou. Passado um bom tempo, Gwen lembrou que devia mostrar-se indignada e se desvencilhou dos braços do amigo:
— Não posso, Johan. Em breve vou estar casada!
— Aí é que não vai poder mesmo!
E tornou a beijá-la. Quando Will chegou, muito mais tarde, só não os encontrou assim porque tropeçou em um tacho junto à porta e fez um barulhão:
— Você está vermelha, Gwen! Está com febre? Está ofegante!
— Não é nada, Will. Antes de casar sara!
Estava escurecendo e o soar de trombetas cruzou a aldeia.
— Vamos logo, Gwen. É tarde!
— É melhor vocês ficarem. Ouviram as trombetas? É um aviso!
— Que aviso?
— As hordas do Sul. Já saquearam várias aldeias. Dizem que se escondem nas montanhas e à noite descem e só deixam destroços por onde passam!
— Cruzes! Johan tem razão, Will. É melhor pousar aqui.
Will não gostou da idéia. Estava com a pulga atrás da orelha, mas não podiam mesmo se arriscar.
Tiveram uma noite agitada. Os cães da aldeia latiam e nevou o tempo todo.
Amanheceu nevando e precisaram esperar até o meio-dia.

Já estavam saindo quando chegou um mensageiro, vindo do Norte:

— Trago ordens para os criados arrumarem toda a casa, pois os barões retornarão em breve!

— E Frida? Também virá?

— Não. A baronesinha está de resguardo. Teve uma menina há poucos dias!

— Já?

Os três fizeram mentalmente as contas. Gwen pensou com os seus botões:

— Tomara que o insuportável primo Mark não seja bom em contas!

— Aposto que Frida nem lembra mais de mim!

— Eu não diria isso, garota. Sabe como chama a nova baronesinha? **Gwendoline**!

No trenó, voltando para a montanha, Gwen veio cismando: a essa hora Frida provavelmente estaria amamentando aquela outra Gwen, que também deve ter cabelos escuros. Não, pensando bem, Frida jamais amamentaria. Deve ter contratado uma ama-de-leite e criadas para trocar os cueiros e levantarem-se quando o bebê chora no meio da noite! E o primo Mark? Será que se admirou com a pele morena da filha? Duas Gwens, filhas de pais italianos e com destinos tão diferentes.

Uma passaria a vida em um palácio, outra em uma cabana...

Gwen se pôs a pensar nos filhos que teria:

— Quero uma menina igualzinha a Frida. E um garoto igual a Will! Mas seria melhor tê-los depois que fôssemos morar no Novo Mundo!

— Falando sozinha, Gwen?

— Will, quando formos para o Novo Mundo você arruma um macaquinho para os nossos filhos?

— Que idéia, Gwen! Mas se você quiser...

O inverno passava tão devagar que Gwen tinha a impressão de que os flocos de neve ficavam parados no ar.

Inventava pequenas coisas com que se divertir, como fazer roupinhas para Schultz. Ficou magoada com a ingratidão do felino, que empregava seu tempo tentando livrar-se das vestes.

Às vezes, travava batalhas de neve com Zutz ou faziam bonecos representando os conhecidos:

— Este mal encarado é o tio Berg!

— Essa toda empinada é Ethel!

Como aumentassem as notícias sobre os ataques a aldeias, Grub e Will vieram ficar com eles na cabana.

— É perigoso deixar duas mulheres sozinhas na montanha com um garoto e um velho inválido!
Todos os dias Grub pedia Herta em casamento e todos os dias ela recusava. O Avô insistia:
— Aceite, filha! Logo morrerei e ficaria mais sossegado vendo-a casada!
A presença de Will deixava Gwen nervosa, mas ele se mantinha distante.
— Logo casaremos, Gwen! É só esperar um tempo!
— Mas, se vamos casar mesmo, qual a diferença?
— Tenha juízo, Gwen!
Um dia, Johan veio trazer uma carta de Frida. Leram os cinco juntos e Will ficou emburrado porque Gwen sentou-se ao lado do gêmeo.

Parece que o rabugento tio Berg estava passando maus bocados. A ruivinha havia mudado tudo em sua casa, a começar pela posição dos móveis, a cor das cortinas e o horário das refeições.

Tirou das paredes os quadros dos ancestrais de tio Berg e pendurou os próprios retratos.

Deixava que Dobs, a serpente, andasse solta pela casa — e o lugar preferido pelo réptil era a cama do desesperado tio Berg.

Organizava mascaradas, nas quais os convidados usavam máscaras com a cara de tio Berg, e povoou a casa de gatos.

Os criados não pediam mais ordens ao dono da casa e sim à baronesinha.

Tio Berg teve certeza de que ninguém mais o levava a sério no dia em que chamou a esposa para descalçar-lhe as botas e teve por resposta um: "Não seja idiota, Berg!".

A pequena Gwen era linda e não dava nenhum trabalho à mãe, apenas às oito amas que a serviam.

O insuportável primo Mark não fizera nenhum comentário sobre a tez morena da filha ou a pouca duração da gravidez. Amava a terrível esposa e temia perdê-la, principalmente porque o primo Kerr fazia companhia constante à cunhada.

Gertrud e Otto haviam visitado os pais, para suplício do tio Berg que odiava música e era obrigado a ouvir alaúdes o tempo todo.

A princípio, ordenou que parassem, depois pediu educadamente, depois suplicou e, por fim, tapou os ouvidos com musgo e trancou-se no quarto, preferindo o sibilar de Dobs aos acordes do genro.

Gertrud ainda não tinha filhos, talvez porque Otto passasse as noites tocando alaúde.

Por fim, Frida mandava beijos a todos, embora achasse que Zutz já devia ter dormido durante a leitura. Perguntava se o idiota do Will já havia se decidido e convidava todos a passar uns tempos com ela, embora tio Berg odiasse hóspedes.

Will notou que Gwen havia se encostado em Johan e este, disfarçadamente, tocava-lhe as mãos.

Saiu batendo os pés e foi para o celeiro de cara amarrada, sem sequer pôr um casaco.

Constrangido, Johan despediu-se:

— Bem, é melhor ir descendo. Está perigoso andar à noite com esses bandidos à solta!

Zutz foi acompanhá-lo em um trecho do caminho e Gwen pegou uma manta e foi atrás de Will.

— Está frio aqui, Will!
— Peça para o Johan esquentá-la!
— Não seja bobo! Veja, trouxe uma manta!
— Não estou com frio!
— Você é estranho! Primeiro me evita e depois morre de ciúme!
— Você é minha noiva! E perto do Johan parece um boneco de neve na primavera!
— Se você me tocasse eu derreteria mais!
— Você quer pôr o trenó na frente dos cães, Gwen! Custa esperar o casamento?
— E se eu não gostar do que acontecer? Se já estiver casada não tem mais jeito!
— Cruzes, Gwen! Por que você não gostaria?
— Sei lá! Você evita tanto! Vai ver é porque não consegue!

Will ficou vermelho. Derrubou Gwen na manta e resolveu provar-lhe que não era incapaz.

— Mudou de opinião, Gwen?
— Bem, acho que sim! Mas bem que você podia me convencer um pouco mais!

— Cruzes, Gwen! O que há com você? Parece que viu o passarinho verde!
— Não tenho nada, Mãe!

— Como não? Esse inverno medonho, que nunca acaba e você cantando como um melro na primavera!
— A senhora queria que eu chorasse?
— Bem, quando você não reclama nem na hora do caldo é porque alguma coisa aconteceu!
— O que teria acontecido?
— Não pense que não reparei que Will deu de trabalhar assobiando! E tem tocado com mais sentimento!

Gwen não se preocupava absolutamente com o fato de que poderia engravidar. Primeiro, porque adorava crianças e depois porque, bem lá no fundo, sentia uma ponta de inveja de Frida por ela já ter uma filhinha.

Herta podia até desconfiar, mas afinal era cega. Zutz parecia ainda não prestar atenção nessas coisas.

Assim, todas as tardes Gwen e Will se encontravam no celeiro.

Um dia Gwen ia entrando na cabana sorrateiramente para que Herta não ouvisse, quando o Avô chamou:

— Gwen! Posso falar com você, filha?

Gwen levou um choque: — Meu Deus! Onde estava o gigante que fazia a trombeta ressoar pelas montanhas? O sábio que tinha explicação para tudo, o herói da sua infância, que sempre chegava a tempo de salvá-la? Ali estava apenas um velho fraco e torto. A grande lareira não passava de uma fogueirinha de gravetos. E Gwen sentiu uma pontada dolorida de remorso.

Ajoelhou-se aos pés da cadeira:
— Pois não, Avô!
O velho pousou-lhe a mão na cabeça:
— Queria pedir-lhe uma coisa!
— Pode pedir, Avô!
— Case com Will assim que o inverno acabar!
— Mas, Avô! Por quê? Pensa que temos algum motivo para antecipar o casamento?
— Não, filha! Tenho certeza! E afinal, como um rapaz e uma moça poderiam enfrentar esse inverno terrível isolados em uma cabana se não se aquecessem um no fogo do outro?

Gwen ficou vermelha. O Avô sorriu com metade da boca:
— Não estou censurando, filha!
— Mas Avô, ainda não tenho a idade certa. Will e eu podemos esperar mais um ano!

— Mas eu não posso, Gwen! Você acha que esta carcaça resistiria a mais um inverno? Quero vê-la casada antes de partir!
— Não fale assim, Avô!
— Não estou lamentando. A morte será uma bênção, Gwen! Vou esperar por vocês no Novo Mundo!

Zutz se assustou com as pancadas na porta:
— Meu Deus, Gwen! Visitas?
— Melhor abrir, Zutz!
— Está louca? E se forem os assaltantes?
— Não seja ridículo, Zutz. Assaltantes não batem na porta!

E foi ela mesmo abrir. Lá estava parado um homem enorme, moreno e corado que perguntou aos gritos em um forte sotaque italiano:
— Aqui é que mora Dona Herta?
— Sim, senhor! É minha Mãe!

O homenzarrão suspendeu Gwen em um abraço que lhe fez estalar todos os ossos:
— Gwendolina! *Ma que bela*!

Gwen tentava libertar-se quando Zutz se aproximou:
— *Ma que belo bambino*! Aposto que é forte!

E o italiano deu um carinhoso safanão em Zutz que o fez atravessar a cabana de costas.

A gritaria fez com que Herta largasse a roca e se aproximasse:
— Céus, o que está havendo?

O italiano berrava comovido:
— Herta! *Cara mia*! Há quanto tempo!

E apertava-lhe as mãos com tanta força que a cega pensou que nunca mais poderia fiar. Mas algo naquela voz acendeu um clarão na sua memória:
— Crianças, quero que conheçam o seu tio Marco!

Gwen logo percebeu que tio Marco era o homem mais barulhento da face da terra.

Esmagou os dedos de Grub ao ser apresentado. Com Will foi ainda mais cortês:
— Ah, *questo* que é o enamorado da Gwendolina! *Ma que bravo!*

E deu-lhe uma amigável tapinha nas costas que o deixou sem fôlego por mais de dois minutos.

Tio Marco havia trazido em seu trenó vários barris de vinho, como presente para o Avô. Mas ele mesmo se encarregava de tomá-lo, em imensos goles. Trouxe também alguns queijos por causa dos quais as janelas da cabana precisaram ser abertas em pleno inverno.

Schultz deixou seu lugar preferido no colo do Avô e foi esconder-se sob o velho baú com os pêlos do pescoço eriçados.

Mas o homenzarrão acabou conquistando a simpatia de todos com sua exuberância.

Contava histórias da Itália falando com a boca e com as mãos, dramatizando as partes mais interessantes.

Até Grub, que era um sujeito sisudo, teve um ataque de riso com as peripécias do tio Marco no *carnavale* de Veneza onde ele havia se apaixonado pela esposa de um marquês.

Aproveitando um baile de máscaras tio Marco resolveu declarar-se e assim expôs o que lhe ia no coração para o vulto mascarado que o fitava.

Como a marquesa não retrucasse, o apaixonado tio Marco achou que ela assentia e suspendeu-lhe a máscara no intuito de beijá-la. E eis que o desastrado grandalhão descobriu que quem se ocultava atrás da máscara era o marquês e não a marquesa. A única saída foi atirar-se pela janela e fugir a nado pelos canais.

Depois o tio Marco pôs-se a cantar melodias italianas a plenos pulmões. Seu vozeirão surgiu em dueto com Tobler que pôs-se a uivar em desespero, provocando novas gargalhadas.

Quis então saber sobre o casamento de Gwen e fez uma oferta:

— *Ma* meu caro Will, por que você e a Gwendolina não vão morar lá na Itália?

Ma eu tenho muita terra lá, muita parreira! E metade é de vocês já que o meu *fratello* é morto!

— Puxa! Mas não sei se íamos acostumar! Sabe, tio Marco, queríamos mesmo era ir ao Novo Mundo! Diz-se que com o que aqui se compra uma quinta lá se adquire um país!

— *É vero*? *Ma* então já sei! Não quero ficar com o que não é meu. Na volta, Will vai comigo para a Itália e olha as terras. Se gostar, *vá bene*! Se não, eu lhe pago o que elas valem e com o dinheiro vocês vão para o Novo Mundo!

Gwen não podia acreditar. Uma fortuna caindo dos céu! Pôs-se a sapatear de alegria. Mas Zutz botou água na fervura:

— E o Avô, Gwen?

Mas o velho respondeu primeiro:

— Quanto tempo mais há de me restar? Não se preocupem, tudo se resolverá antes!

Um silêncio pesado caiu sobre todos. Mas tio Marco logo desanuviou o ambiente.

— *Ma que*, Avô! Quem vai para o Novo Mundo fica novo em folha! Vai ver que o senhor ainda vai casar com uma selvagem, daquelas que andam sem roupa!

E assim ficou acertado que quando tio Marco retornasse à Itália dentro de alguns dias, Will seguiria com ele. Afinal o inverno estava no fim e lá estava o Novo Mundo a esperar por eles!

Quando o vinho começou a escassear, tio Marco resolveu que era hora de partir.

Gwen estava preocupada:

— Will, é muito tempo!

— Não é tanto Gwen! Volto na primavera. E com dinheiro para irmos ao Novo Mundo!

— Deixa eu ir também, Will!

— Não dá, Gwen! Quem iria cuidar do Avô e de *Frau* Herta?

— Tome cuidado no caminho. É melhor levar Tobler!

— Não! Tobler fica vigiando a cabana. É melhor, Gwen!

Zutz também queria ir junto, mas Herta não permitiu.

Na falta de vinho, tio Marco comprou na aldeia vários barris de cerveja. E comprou também, maravilha das maravilhas, um odre de aguardente do Novo Mundo, que o português lhe vendeu por um preço exorbitante.

Will e Gwen foram ao celeiro despedir-se. A dor da partida parecia impedir que os corpos se separassem.

— Gwen, se me acontecer alguma coisa...

— Por Deus, Will! Você acha que pode acontecer?

— Não, isto é, acho que não! Mas quero que prometa uma coisa!

— O que, Will?

— Gwen, tenho medo de morrer e deixá-la com um filho!

— Não estou esperando um filho!

— Isso nós não sabemos, Gwen!

— E o que você quer que eu prometa?

— Mesmo morto não suportaria a idéia de vê-la sofrendo sozinha, humilhada.

— E o que você quer que eu faça, Will?

— Prometa que, se eu não voltar, você se casa com o Johan!
— Eu te amo, Will!
A cena de despedida foi patética.
Tio Marco chorava e assoava o nariz ruidosamente enquanto Tobler lhe fazia coro uivando como um doido.
Gwen e Will mal se encaravam com medo de cair também no choro.
Herta advertiu:
— Cuidado com os lobos!
O Avô riu com a metade sã da boca:
— Se os lobos atacarem diga ao Marco que cante e eles baterão em retirada!
Herta estava preocupada e Gwen viu Grub, sempre sério, segurando-lhe a mão. E por incrível que pareça a cega não a retirou.
Tio Marco abraçou a cunhada:
— Fica com *Dio, cara mia*! E olha que no Novo Mundo tem planta que cura tudo, até cegueira!
Todos ficaram constrangidos, mas tio Marco, como sempre, nem percebeu.
E, assim, partiram na manhã gelada. Horas depois, Gwen ainda fitava a imensidão branca das montanhas:
— Avô?
— Fale, filha!
— É como se minha alma estivesse congelada!
— Não ligue, Gwen! Quando o sol do Novo Mundo aquecer você vai derreter todo o gelo do seu coração!

O dias estavam ficando um pouco mais longos. Algumas florzinhas ousavam pôr a cabecinha de fora. Parecia que a primavera estava se resolvendo a voltar.
Mas o inverno resolveu pregar uma peça nas florzinhas e nos sonhos de Gwen.
Subitamente armou-se uma terrível nevasca que soterrou as inocentes plantinhas.
Mas não foi só a intemperança do clima que atrapalhou a vida dos dois namorados. Foi também a intemperança do tio Marco, que para espantar o frio pôs-se a beber em grandes goles a aguardente que o português havia lhe vendido.
Em uma curva, o beberrão perdeu o controle do trenó e rolaram despenhadeiro abaixo.

Will bateu a cabeça e ficou desacordado. Tio Marco berrava palavrões em italiano com a perna presa sob o trenó. A neve engrossava e tio Marco praguejava contra si mesmo:

— Ma que bestia! Por minha causa a *povereta* da Gwendolina vai ficar viúva sem casar!

Enquanto isso corriam notícias alarmantes: aldeias saqueadas, cabanas incendiadas, mulheres violentadas.

Grub foi à aldeia comprar munições. Colocaram novas trancas nas janelas e à noite encostavam os móveis contra as portas da cabana para impedir que alguém as forçasse.

Will voltou a si muitas horas depois, com uma forte lambida no rosto:

— Tobler?

Era realmente um cão muito parecido com Tobler, mas não era Tobler. Aliás nem era cão e sim uma cadela. Um velho de túnica e longas barbas brancas falou:

— Bravo, Bernie!

Will olhou a estranha figura e constatou que estava morto e devia estar no céu:

— São Pedro?

— Nem tanto, moço! — o velho riu — Você é um rapaz de sorte. Se tivessem se acidentado mais longe do mosteiro a essa hora estariam mortos!

Então Will reparou que um grupo de monges tirava tio Marco debaixo do trenó.

— Como ele está?

— Não tão mal! Quebrou a perna, eu creio. Mas berra como se tivesse quebrado todos os ossos do corpo. Se não moderar a linguagem, não poderemos recolhê-lo no mosteiro!

Will tiritava. O velho o despiu e enrolou em uma manta. Depois, dois jovens monges colocaram-no em um trenó e deram-lhe conhaque.

No mosteiro, Will descobriu um novo mundo.

Após os primeiros dias em que teve que permanecer na cama, começou a conhecer o lugar guiado pelo velho que o salvara:

— Veja só a beleza dos vitrais!

— É lindo! Parecem pedaços do céu!

— E agora vamos ao coro, ver o órgão. Gosta de música?

— Se gosto? Adoro, senhor! Toco todas as noites. E Gwen canta!

— Gwen? Quem é ela?

— Minha namorada, quero dizer, minha noiva. É quase minha esposa...
— Tudo bem! Eu sou um monge, mas também sou um homem. Sei que um rapaz precisa encontrar sua metade!
— Sabe? E por que é monge?
— Talvez, Will, porque minha metade tenha morrido de uma peste horrível!
— Desculpe, senhor!
— Não faz mal! Agora já consigo falar nisso. Veja! Eis o órgão!
Will arregalou os olhos:
— Que enorme! Como se toca?
— Experimente. Vou manejar o fole para você!
Will ficou horas improvisando, maravilhado com o instrumento. Criou melodias tão lindas que, quando parou, notou que o velho monge tinha lágrimas nos olhos:
— Filho, quem ensinou você a tocar?
— Ninguém. Aprendi sozinho!
— Não diga isso. Deus ensinou você!
— Por mim, tocaria o resto da minha vida!
— E por que não?
— Não posso! Vou me casar e morar no Novo Mundo!
— E daí, filho? No Novo Mundo também precisam de música!
— Mas eu serei casado, terei família!
— Também precisam de crianças no Novo Mundo!

As noites eram longas e terríveis. A qualquer rosnado de Tobler ou bufar de Schultz, todos sentiam os cabelos ficarem em pé. As histórias sobre os bandidos eram de arrepiar.

Gwen rezava para que Deus lhe trouxesse Will de volta. Não sabia se abençoava tio Marco, que lhes daria a oportunidade de ir ao Novo Mundo, ou se o odiava por ter levado Will para longe.

No mosteiro, Will se recuperava e tio Marco colocava os monges em polvorosa: ou eram palavrões irrompendo nas matinas, ou cançonetas na hora dos salmos, ou ainda pior — o vinho de missa que sumia misteriosamente.

O Avô leu com sua boca torta:
— **Pai, afasta de mim esse cálice!**
Zutz ficou indignado:

— Mas Jesus não era Deus?
— Não, Zutz! Era um homem! Um homem muito melhor que qualquer um de nós — mas um homem! E teve medo! Ao menos dessa vez! Por isso não devemos nos envergonhar quando tememos por nossa vida!

Nisso, ouviu-se um terrível estrondo na porta. Tobler arreganhou os dentes e todos entenderam que forçavam a entrada da cabana.

Herta gritou:
— Os bandidos!
Grub agarrou a arma e falou rapidamente:
— Gwen, se esconda em algum lugar! Não deixe que eles a agarrem.

Gwen correu para a cozinha. Ao lado do fogão estava a enorme cesta de carvão, quase vazia. Gwen pulou para dentro e fechou a tampa.

Daí para a frente, tudo foram ruídos. Gwen ouviu o estalar da porta sendo arrombada e o barulho dos móveis empurrados.

Depois vieram os gritos de Herta, o vozerio de homens, ruído de luta. Tobler latindo furioso e então um ganido horrível junto com um berro de dor de um homem.

Gwen escutou um tiro e depois um gemido surdo. Cessou a balbúrdia e ela ouviu uma voz dizendo:
— Caio, dá uma busca! Vê se tem mais mulher na casa!

Gelada, Gwen ouviu os passos na cozinha e via pelos vãos da cesta o clarão de uma vela. De repente, a tampa foi arrancada e a luz a atingiu em cheio — e Gwen ficou frente a frente, olhos nos olhos do bandido.

Gwen sempre imaginara que os bandidos eram homens horríveis e repelentes. Mas Caio era jovem, moreno e muito bonito.

Olharam-se por alguns segundos e Gwen preparou-se para a desonra e a morte. Mas então a cesta foi fechada e ela ouviu a voz do tal de Caio dizendo:
— Vamos embora, chefe! Não tem mais ninguém aqui!

Gwen sentiu que o mundo girava. Caiu sem sentidos dentro da cesta.

O sol já penetrava pelas frestas da cabana quando Gwen acordou. O silêncio era mortal.

A pastora tentou olhar pelos vãos do cesto, mas não podia ver nada.
Esperou alguns minutos, achando que esperara horas. E, por fim, percebeu que até a morte na mão dos bandidos seria melhor que aquela incerteza.
Levantou a tampa do cesto e ergueu a cabeça. Nada! Apenas as panelas espalhadas no chão. As prateleiras sobre o fogão estavam completamente vazias. Não sobrara nem uma peça de toucinho.
Gwen saiu do cesto. Pensou em sacudir o carvão do vestido, mas mudou de idéia:
— Se os bandidos estiverem aqui é melhor que eu esteja repelente!
Respirou fundo e criou coragem de olhar a sala.
Antes não tivesse criado coragem. A cena era mais do que dantesca.
Herta estava caída com a garganta cortada e as roupas em tiras. Ao seu lado, jazia um bandido com o pescoço dilacerado e Tobler, morto a facadas, com os dentes cheios de sangue. Era evidente que morrera defendendo a família, que o criara desde filhote.
Grub tinha um punhal cravado no peito e segurava ainda a pistola. Junto a ele jazia um bandido baleado.
Gwen não emitiu sequer um som. Não derramou uma lágrima. Seus olhos estavam tão secos que até ardiam.
E então deu com o Avô, sentado como sempre em sua cadeira, com Schultz ao colo. Parecia adormecido.
A menina correu para ele:
— Avô! Acorde pelo amor de Deus!
Mas assim que tocou o velho, viu que estava duro e frio. Parecia ter morrido antes dos outros. Não apresentava o menor sinal de violência.
Gwen pensou consigo:
— Deus, em sua misericórdia, fez com que ele morresse de síncope, durante o sono, sem ver o horror que aconteceria!
E então Gwen se revoltou e pôs-se a gritar:
— Misericórdia? É essa a misericórdia de Deus? Esse é Deus? Que Deus é esse que deixa que bandidos matem quem trabalha e deixa uma menina sozinha na montanha?
Os gritos fizeram com que Schultz acordasse e fosse se esfregar nas pernas de Gwen. A menina se agarrou ao velho gato e conseguiu então desatar o choro que estava contido.

Quando, por fim, Gwen conseguiu se controlar teve outro sobressalto:
— Céus! E Zutz?
Será que seu corpo estaria também jogado em algum canto? Já ouvira histórias sobre os bandidos carregarem meninos para transformá-los também em facínoras.
— Deus permita que ao menos seja isso! É melhor do que encontrá-lo morto!
Lembrou-se então de que acabara de blasfemar contra esse Deus e teve um arrepio:
— Bem, Ele é Deus! Eu sou apenas uma cabreira desesperada. Ele tem obrigação de me entender!
Voltou à cozinha. Queria chamar por Zutz, mas não tinha coragem.
Afinal, não sabia nem por que estava viva. Por que o tal de Caio não a denunciara?
Então, Gwen teve a impressão de que o imenso caldeirão em cima do fogão apagado tremia.
Schultz bufou e arrepiou os pêlos das costas. Gwen armou-se de coragem e, em um arranco, jogou longe a tampa do caldeirão.
E lá dentro estava Zutz, de olhos arregalados, visivelmente em estado de choque.
— Zutz!
Ela precisou ajudá-lo a sair, pois ele tinha as pernas amortecidas.
— Gwen! Cadê os outros?
— Não há mais outros, Zutz! Apenas eu e você! Ah, e o Schultz!
Zutz parecia sonâmbulo, Gwen perguntou:
— Como foi que eles não o encontraram?
— Mas eles me encontraram, Gwen! Ao menos o tal de Caio me viu!
— Tem certeza?
— Claro! Quando o chefe o mandou vasculhar o resto da cabana ele abriu a tampa do caldeirão e deu comigo!
— E aí?
— Eu abri a boca para berrar de pavor. E então ele levou o indicador à boca, pedindo silêncio, e voltou a tampar a panela. Então eu ouvi ele berrar ao chefe que não havia mais ninguém!
— Será possível que um bandido possa ter um gesto de humanidade, Zutz?
— Bem, ele ainda reabriu a tampa e me jogou lá dentro uma manta de carne e banha!

— Ele fez isso?
— Fez, Gwen! Creio que isso era o mais próximo que ele podia chegar da caridade!
Após os dois irmãos chorarem muito, abraçados, decidiram que precisavam se livrar dos corpos, antes que começassem a apodrecer. Arrastaram os cadáveres dos dois bandidos mortos e arremessaram montanha abaixo. Os corpos dos parentes foram levados para longe e cobertos com neve.
— Assim que arranjarmos ajuda vamos lhes dar uma sepultura digna!
— É claro! E para Tobler também!
Os irmãos fizeram então uma prece pela alma daqueles que partiram e voltaram à cabana.
Fizeram tudo sozinhos. Tuff não estava mais na cocheira. Os bandidos o haviam levado. Zutz decidiu:
— Gwen, os bandidos jamais voltam duas vezes ao mesmo lugar! Vou descer à aldeia, buscar ajuda para enterrar os corpos e para levar o pouco que restou. Então, partiremos daqui.
— Mas você vai a pé? Sozinho?
— Tenho doze anos, Gwen! Sou quase um homem!
— Bem, então vá! Mas volte logo com alguém antes que eu enlouqueça!
— Não se preocupe, Gwen! À noite já estarei aqui, com alguém.

No mosteiro, Will estava inquieto. Foi procurar o velho monge:
— Senhor, estou com um mau pressentimento! Gostaria de voltar para perto de Gwen!
— Bem, filho. Acho que você já tem condição de partir. Mas você não ia com seu tio até a Itália?
— Já me decidi, senhor! Não quero mais ficar no Velho Mundo. Ajude-me a falar com tio Marco!
Tio Marco, a princípio, fez uma cena terrível. Chorou, fungou, xingou... Depois foi se acalmando, com o auxílio do monge:
— Veja, senhor Marco! Os jovens têm pressa! Will precisa voltar para junto da noiva. E depois o nosso mundo está senil demais para eles!
E, então, tio Marco juntou o ouro que trazia e entregou a Will:
— Tome, caro! É a paga das terras do *mio fratello*! Seriam tuas e da Gwendolina, mas se vocês querem conhecer o Novo Mundo, vão

com Deus. Com esse ouro hão de poder comprar até duas Romas, já que por lá a terra é *molto* barata!
— Obrigado, tio Marco! Se nunca mais o vir, quero que saiba que lembraremos do senhor!
— *Vá bene! Vá bene!* Agora que já tinha me apegado! *Ma cosa fare? Sei felice, caro, sei felice!*
Will arrumou suas coisas. O velho monge veio falar-lhe:
— Posso lhe pedir uma coisa, filho?
— Claro, senhor! O que quiser!
— Toque para mim uma última vez!
Will sentou-se ao órgão e parecia que os anjos haviam descido à terra. Bernie pôs-se a uivar com tristeza, a cabeçorra pousada nos joelhos do rapaz.
O monge disse:
— Leve Bernie com você, Will! Ela salvou sua vida. Vocês estão unidos para sempre. Sei que cuidará bem dela!
— Puxa! Eu vou adorar! E Gwen também! Ela adora bichos, sabe? Até fala com eles!
— Então vá logo, filho. Sua noiva o espera!

Gwen ficou com o coração aos pulos, segurando Schultz ao colo enquanto Zutz se afastava.
Sabia que os bandidos não voltariam, a não ser que Caio os denunciasse. Mas não acreditava que o aprendiz de malfeitor fizesse isso.
Mas temia ficar ali, em uma cabana onde houvera tantas mortes.
Imaginava Grub lutando com os facínoras para defender a mulher amada, o horror de Herta sem poder ver o rosto de quem a violentava.
Gwen não sentia vontade sequer de mover um músculo.
Schultz estava inquieto e ela demorou a perceber que o gato tinha fome.
Sem ânimo algum, dessalgou um pedacinho da manta de carne e foi dando aos bocados para o bichano.
— Tomara que Zutz volte logo. Seria horrível ficar sozinha à noite!
Mas o sol se pôs e nem sinal de Zutz. Gwen quis acender as candeias, mas os bandidos haviam levado o azeite.
Acendeu uma vela de sebo, daquelas que Herta usava em suas orações, e ficou sentada, os olhos parados, sem ver nada.

Passaram-se horas e o frio cortava a alma de Gwen. Pensou na Mãe, vagando cega pela neve à busca do amado que jamais regressaria. E, subitamente, Gwen ergueu-se, dirigiu-se à roca e pôs-se a fiar.

Logo que saíra da cabana, Zutz estava convencido de que já era um homem.

Após um tempo de percurso, percebeu que ainda era um menino. O medo foi se avolumando em seu coração. Tentava acalmar a si mesmo:

— Ainda que o Barão não tenha voltado do Norte, Johan há de estar lá! E ele é um grande amigo. Irá comigo até a montanha, enterraremos os mortos e traremos Gwen conosco para a aldeia!

Mas o sol que brilhava já fazia a neve derreter e era muito difícil caminhar. Zutz escorregou várias vezes, atolou na lama e, quando finalmente chegou à aldeia, já havia escurecido.

Rodeou a casa do Barão e entrou pelos fundos.

A cozinha estava vazia, mas umas chamas crepitavam no fogão. Zutz estava enregelado e exausto. Sentou-se um instante no enorme banco para recompor as forças.

E adormeceu imediatamente. E em seu sono não lembrou, nem em sonhos, que Gwen o esperava sozinha na montanha.

Quando Gwen percebeu que a aurora já se aproximava, não conseguiu mais ficar dentro da cabana.

Agarrou a vela de sebo e saiu andando pela neve escorregadia. Schultz a seguira contrariado.

Mas o degelo era traiçoeiro. Gwen escorregou e rolou por uma fenda e um monte de neve precipitou-se sobre ela, soterrando-a.

Gwen sentiu que o sangue congelava em suas veias e já não conseguia mais pensar. Antes de tudo apagar-se de vez, teve a impressão de ouvir os miados de Schultz, cada vez mais longe.

Abrir os olhos foi um esforço quase sobre-humano. A febre era tão alta e o corpo doía tanto que Gwen não sabia onde estava. Olhou em volta:

— Meu Deus! O Paraíso é exatamente igual à casa do Barão!
— Não seja idiota, Gwen! Você está na minha casa!
— Frida?
— E quem você esperava? O anjo Gabriel?
— Então eu não morri?

— Não, meu amor! E agradeça ao Schultz por isso. Se não o encontrássemos miando, desesperado, sobre um monte de neve, jamais imaginaríamos que você estava lá embaixo!
— Will!
E, ao ver o noivo, a cabreira tentou levantar-se. As pernas não obedeceram.
— Will, minhas pernas! Não posso movê-las!
— Calma, Gwen! Você ficou horas soterrada na neve. Está muito fraca e doente. Isso passa!
— Meu Deus, Tobler está aí? Mas ele estava morto!
— Não é Tobler, Gwen! Essa é Bernie, uma cadela que ganhei no mosteiro!
— Mosteiro?
Gwen não entendia nada. E ainda por cima a febre a maltratava. Will contou-lhe o que havia acontecido. Ela entendia de uma maneira confusa. Clara lhe afagava os cabelos escuros. O toque da Baronesa fez a menina sentir-se segura.
— Frida, pensei que estivesse no Norte.
— E perder o festival da primavera? Por causa de um bebê? Não seja idiota, Gwen!
A um canto estava Mark, impassível. E o primo Kerr também estava lá.
Gwen poderia jurar que o vira dar um beliscão no traseiro de Frida, mas a febre não a deixava ter certeza.
— Acabou o inverno, Baronesa?
— Acabou, querida!
Clara abriu as janelas:
— Veja o céu azul, ouça os pássaros!
Gwen tentou erguer-se para olhar. Sentiu uma fisgada no braço. Olhou para ver o que era e pôs-se a berrar:
— Socorro, há um bicho horrendo a devorar-me!
— Calma, Gwen! É uma sanguessuga! O médico achou que uma sangria ia lhe fazer bem!
A febre voltou a subir e Gwen voltou a delirar. E, em seus delírios, via a neve soterrando-a, o rosto de Caio a espiá-la dentro da cesta, ouvia os gritos de Herta e os ruídos de luta.
E gritava todo o tempo que queria ir embora daquela terra, partir para o Novo Mundo.
Will conversou com o médico:

— Senhor, devo levar Gwen para o Novo Mundo?
— Não creio que seja conveniente. Ela está muito doente. É uma viagem muito dura. É provável que ela não resista!
— E se ficarmos aqui, o que acontecerá?
— Só Deus sabe, meu filho. Desculpe, mas não creio que ela resista!
Clara interferiu na conversa, de maneira intempestiva:
— Desculpem-me! Mas se Gwen também tem poucas chances aqui, acho que deviam levá-la ao Novo Mundo!
— Mas senhora baronesa... e se ela morrer?
— Ao menos morrerá feliz!
Will apoiou a baronesa. Mas levantou um problema:
— Como poderei chegar a uma terra estranha com uma mulher doente, sem ter onde acomodá-la?
Frida decidiu rapidamente:
— Muito simples! Zutz e Johan irão na frente. Quando vocês chegarem, eles já terão providenciado tudo!
— Mas baronesinha...
— Nem mas, nem meio mas! Vocês partem amanhã para Gênova! Muitas naus portuguesas param lá antes de ir às colônias! Vou dar-lhes o suficiente para viver como reis e terem terras mais extensas que o baronato!
— E o que faremos lá?
— Isso é problema de vocês! Tentem plantar aquela grama que produz mel! E lembrem-se de me mandar sempre torrões de açúcar! São a última moda!
A princípio, Johan não gostou da idéia de mudar-se para uma terra estranha. Mas pensando melhor, desde que Joseph desaparecera, aquela não lhe parecia mais sua terra.
Em segundo lugar, não lhe desagradava a idéia de acompanhar Gwen. Era sua única amiga e se ela partisse tudo ficaria ainda mais vazio.
O terceiro motivo, e sem dúvida o mais importante, é que jamais teria coragem de desobedecer a uma ordem da baronesinha.
Assim, Johan foi juntar os seus pertences sem reclamar.
Zutz estava tão amargurado, sentindo-se culpado pelo acidente da irmã, que ficou feliz com a oportunidade de ser útil. Apenas não entendia uma coisa:

— Frida, há no Novo Mundo outros lugares, muito mais parecidos com a nossa terra. Por que havemos de ir justamente à América Portuguesa?

— Não seja idiota, Zutz! Você acha que Gwen quer ver neve alguma outra vez na vida?

— É, tem razão. Mas dizem que por lá há selvagens e negros!

— Não se preocupe, Zutz! Você não me parece assim tão apetitoso para que eles queiram devorá-lo!

— E os bichos, Frida? Dizem que há animais pré-diluvianos!

— Aliás, foi bom você falar nisso! Contaram-me que por lá existem serpentes maiores que três homens sobrepostos. Mande-me uma, sim? Dobs anda se sentindo muito só!

Assim, quando Will e Gwen chegaram a Gênova, Johan e Zutz já haviam partido há um bom tempo.

Foram poucas as lembranças que Gwen guardou dessa travessia até o mar.

Fora acomodada em um carroção, que Clara diligentemente transformara em quarto de doente.

Como enfermeira, a baronesa enviara junto uma freira portuguesa, de nome Maria da Luz, que tratava da enferma e ensinava aos noivos a língua que deviam usar no Novo Mundo.

Aliás, era uma figura ímpar essa tal irmã Maria da Luz, pois o que mais lhe apetecia falar eram assuntos mundanos, principalmente mexericos amorosos.

Queria saber se era verdade que a filha de Frida não era do marido e sim de um bufão que andara com ela... Fazia perguntas indiscretas, mas, verdade seja dita, era muito carinhosa com Gwen.

A pastora tinha febres altíssimas e grande parte do percurso passava delirando. Via a cabana saqueada, o rosto de Caio olhando-a, sempre igual.

Muitas vezes, Will pensava que Gwen não chegaria sequer ao porto, quanto mais ao Novo Mundo.

Outras vezes divertia-se provocando a Irmã Maria da Luz:

— A senhora gosta tanto de segredos. Por que não nos conta os seus?

— Segredo, eu? Se minha vida foi toda dedicada a Deus! Se bem que houve certa vez um italiano... Mas não ia interessar a vocês!

— E por que não, Irmã? Conte, por favor!

— Eu era noviça e esse jovem se hospedou no convento. E logo nos apaixonamos.

— É difícil imaginá-la apaixonada, Irmã!
— Eu era jovem então. E ele me propôs que fugíssemos juntos!
— E...?
— Eu lhe disse que era uma serva de Jesus e não podia romper meu compromisso.
— E ele, Irmã?
— Ele concordou. Disse que não seria ele a estragar minha vocação, e foi-se embora muito triste!
— Ele foi muito compreensivo, Irmã!
— Compreensivo? Foi uma besta, isso sim! Tinha mais era que ter insistido! Ah, se um dia encontro esse sujeito dou-lhe com minhas socas em sua cabeça!

Havia longos períodos em que Gwen não tinha consciência de nada.

Outras vezes, parecia bem, pedia a Will que tocasse e cantava, mas nunca canções que falassem da neve.

Já próximos do destino, tio Marco veio encontrá-los. Seus berros ecoavam pelo caminho:

— Gwendolina, *cara mia*! *Ma que* coisa foi acontecer! Mas juro que vocês vão ter de tudo nessa terra nova. Querem um gole de vinho?

E antes que os outros respondessem, esvaziava o odre. Irmã Maria da Luz se aproximou e Will fez as apresentações:

— Irmã, esse é meu tio Marco. Tio, essa é Irmã Maria da Luz, uma freira portuguesa que...

Não deu tempo de acabar. Tio Marco já estava caído no chão, com o impacto da soca da freira em sua cabeça.

Quando chegaram ao porto, Gwen teve momentos de lucidez:
— Will, chegamos ao Novo Mundo?
— Não, Gwen! Estamos à beira-mar. Daqui partiremos!
— O mar? Oh, Will, ajude-me! Quero ver o mar! Nunca o vi!
Embora as pernas de Gwen já houvessem readquirido movimento, era-lhe ainda impossível sustentar-se sobre elas.

Tio Marco a levou nos braços com tanta facilidade como se ela fosse um bebê:
— Vê que belo, *cara mia*!
— Céus, é enorme! Muito maior que o lago onde eu e Zutz íamos alimentar as gaivotas!

— Muito maior! E do outro lado, *cara mia*, a fortuna te espera!
Will aproximou-se:
— Vê aquela nave, Gwen?
— Aquela com a Cruz de Malta nas velas?
— Ela mesmo! É nela que iremos ao Novo Mundo!
— Vamos embarcar logo, Will?
— Espere, Gwen. Agora a tripulação está subindo a bordo!
Gwen ficou observando os marujos que subiam à nave curvados ao peso de fardo. Subitamente, um deles se voltou e seus olhos negros pousaram em Gwen, que soltou um terrível grito:
— Caio!
Tio Marco e Will se assustaram:
— Gwen, o que há, pelo amor de Deus?
Mas o grumete já subira ao navio e Gwen jamais teve certeza se era Caio ou não que também partia para o Novo Mundo.
Irmã Maria da Luz aproximava-se do grupo.
— *Dio mio*, e se ela me bate de novo?
— Tem medo, tio Marco?
— Medo? *Ma* tenho pavor! Se bem que — *que donna! Ma que donna*! Não fosse freira e casava com ela!
— Por que não casa, tio?
— Ela vai falar na vocação e coisa e tal...
— Quer um conselho, tio Marco? Insista mais desta vez!

Não houve grandes contratempos para o embarque, a não ser o fato de, a princípio, o capitão português não querer que Schultz e Bernie embarcassem.

— Ó raios, isto cá vai ficar a parecer com a arca de Noé!

Mas as moedas de ouro de tio Marco eram bastante persuasivas. E os bichos embarcaram, com a condição de não poderem sujar perto do camarote do capitão.

Bernie até que se portou muito bem, e mesmo Schultz, se bem que não tenha cumprido seu papel de gato — fez amizade com todos os ratos do navio!

Tudo ficou meio confuso na cabeça de Gwen.

Lembrava-se vagamente de despedir-se de tio Marco, que lhe dera um beliscão e de Irmã Maria da Luz, que lhe ofereceu um escapulário:

— É para protegê-la nas terras novas. Não esqueça de benzer-se a cada vez que vir um negro!

Gwen deu de ombros — pelo que sabia, havia tantos negros na América que levaria o dia a benzer-se.

Will tomou-a nos braços e carregou-a para dentro da caravela.

Sentada em uma espreguiçadeira, Gwen assistiu às manobras de partida.

A primeira amarra a ser solta a fez lembrar de Herta e sua roca a girar incessantemente.

A segunda amarra eram as cordas da espineta de Clara soando a distância.

Um nó desatado era Frida a chamar a todos de idiotas, outro era Johan querendo casar com ela.

E quando, por fim, levantaram a âncora, Gwen lembrou-se do Avô morto.

O capitão até que não era má pessoa.
Vendo que o estado de saúde de Gwen era precário, chamou Will:
— Escute cá, ó gajo! A rapariga não vai lá das pernas. Nesse passo, não garanto que chegue ao Novo Mundo!
— Não diga isso, senhor! Aposto que chegará e lá nos casaremos.
— Pois sim! Deus o queira! Mas ouça o conselho de um amigo — casa-te com ela já!

E assim, na mente tumultuada de Gwen, ficou a imagem do capelão perguntando-lhe se aceitava Will como legítimo esposo.

O capitão ordenou até ao cozinheiro que assasse um bolo e foi aberto um barril de vinho. Os marujos dançaram a valer. Afinal, casamento a bordo era coisa rara, principalmente porque raramente mulheres viajavam.

O capitão contava coisas sobre a América Portuguesa:
— A rapariga há de gostar. É uma lindeza! Mas é quente como mil diabos. Há de ser por isso que os índios andam nus em pêlo!
— O senhor já esteve lá?
— Ora, pois! Fui lá a buscar aquele pau que serve a dar cor às vestes!
— E nunca quis mudar-se para lá?
— E lá minha senhora o permite? Disse-me que me cata o pêlo se me mudar para um lugar onde não se usam roupas!

O capitão emprestou seu próprio camarote para que o jovem casal consumasse o casamento (coisa que, aliás, já havia sido feita há muito tempo).

Will estava preocupado:
— É melhor não fazermos nada, Gwen! Você está muito doente! Não vou me perdoar se algo lhe acontecer por causa disso!
— Eu é que não o perdoarei se morrer sem ter nada com o meu marido!

Assim foi vencida a resistência de Will, que aliás não estava tão empenhado assim em resistir.

O balanço do mar agravou ainda mais o estado de saúde de Gwen.

Vomitava quase o tempo todo e, se não estava vomitando, passava horas em um torpor febril.

Quando estava assim, Gwen tinha visões: previa o tempo, dava notícias dos parentes dos marujos, descobria o passado de estranhos e previa o futuro.

Os marinheiros portugueses eram muito supersticiosos. Logo passaram a achar que levavam a bordo uma santa.

Alguns pensavam que talvez fosse satanás quem falava pela boca da mocinha, já que mulheres em navios costumam ser mau agouro.

Mas, pelo sim e pelo não, todos concordavam em que não deviam contrariá-la.

Embora fosse a única mulher a bordo da caravela, a tripulação a respeitava. Todos viviam a mimá-la, contando-lhe histórias do Novo Mundo, oferecendo sardinhas a Schultz...

Mas a saúde de Gwen era tão precária que o capitão mandou que o médico de bordo a examinasse.

O médico de bordo era, na verdade, um barbeiro que sabia aplicar ventosas, cataplasmas e sangrias.

A prática o levara a exercer a medicina entre os marujos, que eram homens rijos e raramente adoeciam.

E se algum adoecia, o "doutor" lhe dava umas tisanas, sangrava-o e deixava que a natureza fizesse o resto. Quando a natureza falhava, simplesmente jogava-se o corpo ao mar e não se falava mais nisso.

O médico não teve dificuldade em diagnosticar o problema de Gwen:

— Seus bofes estão cheios de água. Deve ser por causa do tempo que ficou soterrada na neve. E mais: a senhora está grávida, já tem uns três meses!

Os olhares se voltaram para Will, que ficou vermelho. Afinal estavam casados há quinze dias.

— Isso cá não importa!

O capitão interferiu:

— Quero é saber se a menina vai agüentar dar com os costados na América!

O "doutor" mandou que os curiosos se afastassem:

— Deus pode tudo, senhor! Pessoalmente, não creio que chegue viva! Mas enfim, quem escapou ilesa das mãos de facínoras e se agüentou horas a fio sob um monte de neve... É como eu disse — onde acaba a medicina, começa a misericórdia de Deus!

Gwen estava no convés, acomodada em sua espreguiçadeira. Tinha muita febre, mas estava lúcida. Chamou Will:
— Toque para mim, por favor!
Will pegou o fole e pôs-se a tocar. E Gwen começou a cantar, a princípio com a voz trêmula, depois com vigor:

> *Com meu amor a meu lado*
> *Nada temo nessa terra*
> *Nem maldades e disputas*
> *Nem a peste, nem a guerra*
>
> *Ao lado de meu amor*
> *Não temo azares da sorte*
> *Não temo as dores da vida*
> *Nem o alívio da morte*
>
> *Com meu amor a meu lado*
> *Nada temo, tudo agüento*
> *As procelas do oceano*
> *A fúria insana do vento*
>
> *Ao lado do meu amor*
> *Sou como a ave no ninho*
> *Não temo o frio nem a chuva*
> *Nem as pedras do caminho*
>
> *Por isso que nada temo*
> *Seja o perigo qual for*
> *Estarei sempre segura*
> *Ao lado do meu amor!*

A marujada havia se acercado, desde os primeiros sons do fole. Quase todos tinham lágrimas nos olhos.

Um velho lobo-do-mar, de grandes cabelos brancos, pôs-se a puxar uma oração e, como se estivesse combinado, todos aqueles homens rudes puseram-se a acompanhá-lo, pedindo a Deus que permitisse que aquela criança visse o sol do Novo Mundo.

Quanto a Gwen, realmente não sentia nenhum medo.

Olhou em volta — avistava-se somente o mar, para qualquer lado que se olhasse.

Segurava a mão de Will. Com a outra mão acariciou o próprio ventre, que começava a avolumar-se.

O Avô havia prometido que se encontrariam no Novo Mundo! E o Avô jamais mentia! Então, um dia chegaria lá!

Seria nessa vida?

Isso, Gwen não sabia, mas o importante é que tinha certeza de uma coisa: O Velho Mundo havia ficado para trás!

2ª parte

Melaço da Cana

O diário da jovem Natália

Francisco chegou hoje da Bahia. Ele sempre me traz presentes e hoje me deu um belo alaúde que veio do Reino. Ele toca bonito e canta canções tão lindas. Ele me achou crescida e disse que sou mais linda que qualquer mocinha da Bahia e que ia falar ao Pai de se casar comigo. Eu disse que pedisse a mim e ele riu e me beijou a mão, falou que eu não tenho juízo para entender essas coisas.

Hoje eu disse que ia ao terço na Santa Luzia e fui porque queria falar a alguém. Só que TiAmélia foi depois e me ralhou que na Casa de Deus não se faz cochichos e que Nhanhã não podia nem olhar para um órfão do coro. Eu disse que estava a rezar e ela me perguntou pelo terço que eu, estouvada, esqueci no oratório e só trouxe o véu. Ela falou que namorar na igreja é pecado mas não é, que noutro dia ele tocou minha mão e a hóstia não virou sangue nem nada e também se eu casar com ele eu vou casar na igreja, só que não vai ser na Matriz que ele é órfão e pobre.

TiAmélia me deu por castigo sete fronhas para barrar em ouro e eu não fiz e disse que tinha dor de dente e ela acreditou, que eu pus um caroço no dente e ficou inchado.

Hoje eu estava aprendendo a tocar alaúde com Francisco mas Zezito veio a recado do Padre e zangou-se e correu e eu larguei o alaúde e fui atrás que eu não sei de qual dos dois eu gosto.

Todos dizem que sou meio lesa e acho que sou mesmo, porque os dois reclamaram e se zangaram comigo, que sou namoradeira e briguei com os dois mas mais com Francisco que me disse que não deitasse os olhos em quem não merecia e não gostei, que Zezito é muito bom só que é pobre e órfão.

Hoje o Senhor me castigou que eu tive dor de dente de verdade só que eu acho que não foi porque eu namorei na igreja mas porque eu chupei muita cana junto com os negrinhos. De noite teve papo de anjo e eu não pude comer e fui para o quarto ler os versos que Francisco escreve e dormir com fome e não vou mais mentir, só um pouquinho.

Hoje Maria Rita, aquela negrinha que é neta de Ti'Ana, conseguiu tomar à despensa um Porto e tomamos tudo cá na alcova e fiquei rindo e falando de Zezito e de Francisco e que não sei qual dos dois é mais bonito.

Maria Rita me disse que beijasse os dois e eu logo saberia, mas ela pode beijar todo mundo que ela é negra e não precisa casar mas eu queria mesmo era beijar os dois e acho até que vou tentar.

Se o Senhor me castigar eu mereço, que é pecado mas dizem que pensar já é pecado então eu vou levar castigo de qualquer jeito.

Voltamos hoje à Fazenda e Padre Antonio veio conosco e trouxe Zezito que é para tocar na capela e também porque eu pedi a meu pai que queria uma novena mas era mentira, eu queria era que Zezito viesse e Francisco também veio e eu gostei.

Estou cansada que o cavalo pulou muito e eu não gosto do coche, eu gosto de ir montada. Eu vou pensar em qual dos dois eu vou beijar primeiro que eu vou fazer o que falou Maria Rita. Eu acho que ela sabe, porque eu sei que negro tem alma mas meu pai acha que não mas Maria Rita aprendeu a ler depressa então é porque tem alma.

Hoje Francisco me levou ver a moenda e choveu muito e ficamos na casinha dos tijolos esperando estiar e ele falou que eu era linda e me pegou a mão e eu virei o rosto para ele me beijar e ele beijou mas só na testa. Aí eu segurei o rosto dele e puxei e ele me beijou a boca e eu não sei se eu gostei. Senti calor e ele disse que ia falar logo com meu Pai que senão eu estava perdida e eu disse que não, que não quero casar com ele sem beijar Zezito mas eu não disse isso.

Hoje o feitor trouxe um curumim e eu achei lindo. É gordinho e cor de cobre e o olho é puxadinho e eu pedi ao pai ele pra mim que a mãe morreu. Padre Antonio batizou ele e eu fui madrinha porque bugre é gente, eu acho mas meu pai não acha. O pequeno vai chamar João Pedro e eu que quis e eu dei rapadura e ele gostou.

Estou feliz mas eu acho que pequei. Eu fui no rio com Zezito e estava quente e queria nadar e ele disse que tinha pouca roupa e não podia molhar. Eu tirei a roupa e nadei e ele chorou que tinha prometido ao padre que não conheceria mulher mas me beijou e eu jurei casar com ele para lavar o pecado. Se meu pai sabe mata ele e me casa com Francisco, mas foi bom e eu acho que sou louca porque eu acho que um dia eu fui dessas mulheres dos castelos, mas não pode ser que eu só tenho quinze anos e nasci no Engenho. Eu queria porque quando Zezito me encostou eu senti como se o Senhor me invadisse (Ele me perdoe) e não sei se quero viver ou morrer e prometi casar. Mas eu senti um tormento como se quisesse todos os homens e vou rasgar o que escrevi que meu pai me mata ou manda a convento e vou morrer só e não quero.

Hoje quando fui tocar o alaúde rompeu-se uma corda e veio Francisco para trocar. Ele então me cantou belas canções e me pediu que também cantasse e quando estava tocando veio Zezito se despedir.

Eu chorei porque ele partia e pedi que ele nunca olhasse outra mulher, que eu iria ter com ele.

Ele chorou também e me beijou atrás do poço e eu senti vontade de fazer mais coisa que beijar mas não sabia e nem ele e me deu calor e eu abri o corpete. Eu pedi pra ele pôr a mão e ele pôs e aí chorou de novo que era errado e foi embora. Agora eu não consigo dormir e só fico rolando na cama e meu seio queima onde ele pôs a mão.

O curumim aprendeu a fazer o pelo-sinal e eu levei ele na capela e na garupa do cavalo, mas meu pai não quer e só quer que ele fique na senzala mas depois deixou, que eu estava com os sopros e tive vertigem. Acho que é castigo do Senhor por causa do que eu fiz com o Zezito.

Hoje fui ver Pai Velho que há dias não via, e SáLuana me viu a sorte. Disse que eu ia amar um moço louro e eu ri, que nem Francisco nem Zezito são louros e me disse que ia ter um filho mas ele não iria cuidar de mim.

Disse que o moço louro é lindo e bom e muito nobre mas não viveria muito e eu zanguei que ela me disse uma sorte feia.

Pai Velho me falou que ouvisse, que os búzios não mentem e eu quis saber de Zezito, se me amava mesmo e SáLuana disse que mais que a própria alma. Eu perguntei se ele ia me esperar até o moço louro morrer mas falei só de graça "e se ele tiver que esperar até eu ter trinta anos ele espera?"

Pai Velho falou trinta não, três vezes trinta. Eu perguntei se ia viver noventa anos e SáLuana falou só trinta de cada vez, mas ele espera. Eu não entendi nada e deixei lá a carne de sol que levei e vim rezar no quarto que essas coisas de negro podem ser pecado mas acho que não. Queria contar para Zezito que ele nunca ri de mim, e Francisco não entende nada e fica querendo explicar.

O Curumim gostou de goiabada e já me chama de Dindinha e o Pai falou que me dá ele quando eu casar, com mais seis negras para o serviço. Mas se eu casar com Francisco que com Zezito não dá nada e o moço louro eu nem sei se existe.

Hoje acordei com os sopros e nem pude levantar mas não era só isso. Eram os calores que eu sinto depois que Zezito se foi e fico sem saber o que eu quero. Mandei chamar Francisco à alcova e TiAmélia disse que não ficava bem, mas eu falei que Maria Rita ia ficar comigo. Só que quando Francisco veio ela foi ao quarto de vestir e ele me beijou e disse que esperava que meus sopros não atrapalhassem quando tivéssemos nossos filhos e eu fiquei com medo que não sabia que quando beijava se faziam os filhos, mas ele riu quando eu falei isso.

Ai, meu Deus, como eu queria saber quem é o moço louro. Será um fidalgo ou um arreado que eu não ligo se eu amar e se ele souber beijar, mas eu não conheço ele.

Se Zezito sabe morre que prometi casar com ele e não sei o que eu faço. Ele diz que põe fim a tudo se me perder mas não acredito, eu gosto dele mas e se aparecer o tal de moço louro?

Francisco disse que hoje ia me fazer uma surpresa e eu disse que era melhor amanhã que hoje mandei bilhete a Zezito, pelo rapaz das mulas, a saber se me ama ainda.

Ai Jesus, queria morrer, que Francisco me pediu ao pai e eu não quero, que ele é bonito mas eu gostei mais de beijar Zezito, e também ele fez mal que devia falar a mim e não a Pai e eu não perdôo.

Pedi ao pai que me levasse a Santo Amaro da Purificação pedir conselho a Padre Antonio mas o que eu quero mesmo é ver Zezito e beijar ele de novo.

Chegamos hoje TiAmélia e eu e fui a Santa Luzia e ele estava lá tocando e cometi pecado mortal de beijar alguém na igreja e que Deus se apiade de minha alma. Zezito quer fugir mas tenho medo que Pai nos manda matar, mas prometi que vou ser dele um dia e se não for ele pode morrer e ele falou que se morrer a culpa é minha. No cemitério dos negros eu abracei ele e acho que pecamos muito e ele chorou muito também.

Francisco veio a galope do Engenho atrás de mim e eu disse que não me caso e ele jurou matar o bastardinho.

Se Pai não me der a Zezito faço os votos e depois fujo com ele, que ele me espera.

Levaram Zezito a cadeia dizendo que furtara dinheiro à esmola e é mentira, foi Pai que disse e agora que não caso com Francisco mesmo.

Não comi nada e Pai disse que se não caso vou para convento e eu vou mesmo.

Maria Rita tem um moço que levou recado a Zezito na prisão, que me espere que vou fugir do convento.

O moço de Maria Rita é negro fulo e ela me contou o que eles fazem e eu fiquei com vergonha de ouvir mas queria fazer com Zezito.

Francisco me pediu para pensar mas não caso mesmo e devolvi o alaúde.

TiAmélia chora o dia todo que sonhava me ver esposa de Francisco e ela é feia e má que nunca beijou homem algum.

Francisco trouxe hoje um belo anel de água marinha e de zangada atirei aos capados e ele ficou da cor das velas do altar. Disse que só lhe falo se tirar Zezito da prisão, que está a pão e água sem razão, e mais que ele é nosso primo que eu sei que não é órfão mas bastardo de meu tio Luiz que amou uma sertaneja.

Sei que pequei demais mas eu ouvi atrás das portas e que Pai matou a mãe dele ou mandou e Tio Luiz morreu de desgosto nos Carmelitas.

Estou desesperada e falei tudo isso ao Pai e que ele não cumpriu o juramento que fez a Tio Luiz no leito de morte de criar Zezito. Se é que sei como é o Demo Deus perdoe falar nele é a cara que o Pai fez e me bateu pela primeira vez e disse "Nhanhã, fique sabendo que nossa família não tem bastardos."

Maria Rita me levou à alcova e me deu água de laranjeira e pediu ao seu moço ir a prisão a ter notícias e Zezito disse que não comeu nada e só pensa em mim.

Já aprontaram os baús para ir ao convento, eu vou e fujo e mandei avisar Zezito que espere eu fugir e vou fazer com ele o que Maria Rita faz com seu moço.

Eu não sou sertaneja e quero ver se Pai me mata que nem à mãe de Zezito. Fizeram até eu tomar umas ervas amargas que era para botar fora o filho se estivesse prenha de Zezito, mas não estou porque ele não quis e nem Francisco, que antes eu gostava dele agora tenho raiva. Padre Antonio veio me confessar antes de partir e o Senhor me perdoe o mandei ao encontro do Cousa-Ruim já que ele não pede ao Pai para soltar Zezito.

Maria Rita trouxe um bilhete e Zezito jurou não tocar noutra mulher nem em mil anos se mil anos vivesse e me esperar na Eternidade se morrer antes de mim.

Estão batendo à porta para me buscar e eu vou mas minhas vozes me dizem que Pai e TiAmélia vão pagar por isso.

Hoje vamos dormir no Engenho e amanhã estarei no convento. Pai me chamou e disse que me arrependesse e casasse com Francisco e eu disse que ele pedisse a Deus para salvar sua alma, que faltou ao juramento que fez ao meu tio. Foi como ver o Cousa-Ruim e ele disse que mandou dar trinta varadas em Zezito e depois soltar no mato e eu corri para o terreiro e fugi até a casa do Pai-Velho.

SáLuana me deu umas ervas e eu melhorei e perguntei de Zezito se ia lhe botar de novo os olhos. Ela disse nessa vida só no corpo sem a alma. Eu chorei e ela falou que eu ia esquecer dele e ele ia rolar pelas ruas.

Pai Velho falou que um dia os mortos vivem de novo e aí que eu ia salvar Zezito mas não entendi.

SáLuana me deu um colar e voltei que vieram me buscar.

Hoje cheguei ao convento que é velho e feio e me puseram em uma alcova mofada e esturrei a manhã toda. As irmãs são feias e secas e a comida não sabe a nada. Tive que rezar dez terços e me confessar com um padre que cheirava a estrume e só de gosto de aborrecê-lo contei tudo que fiz com Zezito e Francisco e o que não fiz também.

Depois me deixaram ir ao pátio e estava lá uma gata bojuda nas dores e ajudei a nascerem três gatinhos. A Madre ficou furiosa que isso não é para donzelas e eu lhe botei a língua e agora estou de castigo na alcova. Estou pensando "se o moço louro existe como vai me encontrar aqui?"

Faz quinze dias que estou aqui e é só rezar e bordar que eu odeio mais que rezar. Só gosto é dos gatinhos que hoje abriram os olhos.

Todos os dias vem o padre mal-cheiroso rezar a missa de madrugada e eu durmo de tanto sono.

Francisco veio me ver e eu disse que fosse ao inferno. Veio com ele o moço de Maria Rita que me deu um bilhete dela. Diz que Zezito está livre mas só vive de aguardente.

Hoje deixei cair o missal e estava meu colar que SáLuana me deu. A Madre berrou e jogaram água benta e fiquei sem jantar.

Hoje não consigo dormir. O padre mal-cheiroso está doente e veio um que se ordenou há pouco. Ele é louro e lindo e eu não dormi na missa e na comunhão ele me olhou nos olhos e parece que esqueceu a missa e eu me engasguei com a hóstia e todo mundo correu a me socorrer.

Depois disso só consigo ficar lembrando das coisas que fazia com Zezito e Francisco, mas não vejo Zezito mas o padre mocinho e acho que a Madre tem razão que deve haver um demônio no meu corpo.

Fiquei rezando para o padre fedorento não sarar, que Deus me perdoe.

O padre louro sorriu na comunhão e depois quando eu estava dando leite aos gatinhos ele veio ao pátio e perguntou se eu era a noviça estouvada que lhe tinham contado. Eu disse que ainda não era noviça nem ia ser que ia fugir. Então ele falou coisas que eu nunca tinha ouvido, que padres e freiras deviam casar como toda gente e a Igreja estava errada de achar pecado o amor de um homem e uma mulher e acho que ele tem razão. Ele brincou com os gatinhos até que veio buscá-lo um negro bem talhado que ele disse que não era seu escravo mas negro forro e que era grande amigo e irmão de leite. O negro que se chama Álvaro prometeu me dar um cachorrinho e aí eles foram embora e eu fiquei olhando até não poder mais ver.

O padre mal-cheiroso sarou e eu chorei o dia todo. Depois da Ave-Maria vi o Negro Álvaro no pátio que seu amo esqueceu lá um terço, e não trouxe ainda o cachorrinho porque ele ainda mama. Disse que Natanael mandou saber de mim, que Natanael é o padre louro, eu não sabia só fiquei sabendo hoje.

Hoje me mandaram polir o ostensório e fiquei sozinha na capela e tomei uma garrafa inteira de vinho e depois nem rezar podia sem rir e a Madre me mandou para a alcova e foi bom porque eu fiquei pensando no padre Natanael.

Os gatinhos já brincam e estão gordinhos e me dão saudade do Curumim que eu devia cuidar dele, que sou madrinha.

Era dia de confissão e quase morri porque veio Natanael que o Padre sujo se empanturrou e teve cólicas.

Fui tremendo e falei que não tinha mais pecados para contar que é impossível pecar em um lugar desses. Ele riu e depois saiu comigo para ver os gatinhos e pusemos a mão no mesmo gatinho e ele segurou minha mão.

Eu disse a ele que era assim que Zezito fazia e ele perguntou quem era e eu contei tudo. Ele disse que não tinha o que contar porque nunca segurou a mão de ninguém antes. Eu fugi correndo e tentei rezar mas não consegui.

Estou ficando louca porque só penso em Natanael e faço tudo errado bordo fora das linhas e derrubo os pratos à ceia.

O Negro Álvaro veio saber de mim e disse que seu ioiô está meio leso de tanto pensar em mim. Trouxe o cachorrinho que se chama Rebuçado e é branco com orelha preta.

O Negro Álvaro é bom e nem parece negro e me disse que logo seu ioiô virá me ver.

Roubei outro vinho de missa e bebi na alcova lembrando de Francisco e de Zezito e fiquei triste que Natanael é padre e não pode fazer essas coisas.

O Negro Álvaro me trouxe um bilhete que Natanael se encontra em aflição porque é padre mas só pensa em mim. Disse que vem amanhã rezar a missa e dará um jeito de me falar.

A Madre está braba porque o Rebuçado roeu suas chinelas e ela disse que não me aguenta mais, nem os meus bichos e que se não fosse pelo meu pai me punha fora e eu bem que queria.

Não vou esquecer de hoje nem que viva cem anos. Natanael rezou a missa e depois fiquei ajudando a arrumar a capela e todos saíram e ficamos só nós os dois.

Começou a chover forte, com trovões e relâmpagos e não podíamos voltar ao convento e Natanael fechou a porta e começamos a tomar um vinho e ficamos meio tontos. Então ele me beijou como Francisco e Zezito e nos abraçamos e descobri como se fazem os filhos só que doeu um pouco mas foi bom.

Eu percebi que havia sangue no hábito e ele disse que ninguém podia saber que nos matam e aí bateram na porta. Natanael quebrou a garrafa de vinho e cortou o próprio braço e disse à Madre, que ela que bateu, que o sangue era dele que tinha derrubado a garrafa na arrumação.

A Madre acreditou e achou que minha roupa estava suja de vinho.

Agora não consigo dormir porque pequei e TiAmélia diz que é o pior dos pecados e eu não sei como ela sabe, que nunca fez isso.

Fiquei pensando se vou ao Inferno mas não me arrependo que gosto de Natanael. Fiquei com pena da Madre e das irmãs que elas nunca fizeram isso, a Madre eu não sei, que ela se tranca na alcova com o padre fedorento.

Ai que enlouqueço, que só penso no que fiz com Natanael! Hoje estava cismando quando me avisaram que tinha visita e era TiAmélia que me vinha ver.

Perguntou se eu não tinha me arrependido e se não queria casar com Francisco, que este sim era um nobre mancebo. Falou que Zezito não prestava, que vivia jogado na rua embriagado como um porco. Mandei que ela se calasse que ainda gosto de Zezito mas não como de Natanael e casaria com ele se não fosse o outro.

Hoje chorei que a Madre me mandou livrar dos gatinhos, que sujam o convento e eu disse que o Padre fedia mais que eles e a Madre me pôs duas horas de joelhos e fiquei toda dolorida. À tarde veio o Negro Álvaro e levou os gatinhos para sua casa e disse que vai cuidar deles. Natanael me mandou um catecismo com um bilhete que dizia que vai deixar de ser padre e vem me buscar que ele é rico e meu pai nos deixa casar.

Rebuçado sujou no confessionário e a Madre esbravejou e disse que ia pedir ao Pai que me levasse do Convento antes que eu lhe pusesse fogo.

Hoje adoeci e vomitei muito e tive febre. Não pude sair da alcova e me trouxeram caldo na cama. Até a Madre se preocupou e deixou o Rebuçado ficar comigo e eu fingi que ia morrer e queria um padre para ver se me traziam Natanael.

Ele veio e me perguntou se eu sangrara este mês e eu disse não e ele se preocupou. Disse que vai resolver tudo depressa e eu não entendi.

Melhorei mas estou fraca e tenho tonteiras. Maria Rita veio trazer o dinheiro que Pai dá a Madre e ficou comigo. Contou que Francisco comprou terras e pôs engenho e que quando passa por Zezito bêbado na rua lhe cospe em cima. Zezito se jogou a frente de um coche a ver se morria mas só se machucou e anda pelas ruas gritando meu nome e Pai já mandou até surrá-lo para não fazer isso. Eu fiquei triste mas agora gosto de Natanael e vou casar com ele quando não for mais padre.

Contei tudo a Maria Rita e ela arregalou o olho e disse que à noite ia me explicar tudo e estou pensando o que será.

Deus tenha piedade de minh'alma!

Maria Rita me disse que vou ter uma criança e acho que estou perdida. Chorei o dia todo e vomitei e depois desfaleci e todos correram a me socorrer. Maria Rita disse o jeito é Nhanhã fugir.

O Negro Álvaro que é ferreiro veio ferrar a mula do carro e mandei recado a Natanael que estou desesperada.

Foi pior que fiquei sabendo que Natanael está enclausurado porque disse que ia deixar a batina e a Inquisição vai julgar se pode ou não. Negro Álvaro falou que eu não me preocupasse que o pai de seu ioiô é muito rico e bom e ia resolver tudo. Tenho medo da minha barriga crescer logo e todo mundo saber e de virar mula-sem-cabeça se Natanael não deixar de ser padre.

Não virei mula-sem-cabeça mas estou com medo.

Se o hábito não fosse tão largo já dava para ver minha barriga e Natanael ainda na clausura a espera do julgamento.

Mandou recado pelo Negro Álvaro que é para fugirmos para uma casinha que seu pai tem no meio da mata e que o Negro Álvaro vem me buscar e nos encontraremos lá.

Senhor, por que não tem piedade de mim e me concede a morte?

Esta noite Negro Álvaro me veio buscar e deixou a bela égua Princesa fora dos muros e fugi pela janela. Levei Rebuçado em um saco que não havia de deixá-lo e minhas coisas também, que são poucas que aqui não podemos ter vaidades.

Natanael conseguiu o indulto e ia se encontrar comigo lá na mata e esperei por toda a noite e ninguém veio.

Negro Álvaro foi atrás de seu ioiô e no caminho deu com ele esfaqueado, os cachos louros em uma poça de sangue e quando me contou enlouqueci e gritei tanto e desmaiei e ele foi atrás do malfeitor.
Achou um homem de perna quebrada que caíra do cavalo e o fez contar tudo.
Foi Francisco que pagara a um frei e sabia de tudo e foi com seus comandados ao caminho e mandando segurar matou Natanael.

Não posso acreditar que já gostei tanto de Francisco e ele agora quer casar comigo e dizer que é pai dessa criança. Joguei-lhe em cima o vaso com necessidades e disse que era melhor um filho sem pai que um pai assassino.

Quase morri e se não fosse Negro Álvaro me cuidar não estaria aqui e há dois velhinhos que me ajudam e trazem comida.
Vou toda a tarde lavar roupas no rio mas a barriga está enorme e já não posso mais.

As dores começaram na beira do rio e quando eu levantei jorrou um jato de água de dentro de mim e eu caí.

Negro Álvaro me encontrou caída e me levou ao catre e saiu a buscar a velhinha, que homem não sabe lidar com essas coisas. Mas a velhinha tinha saído e ele teve que me ajudar e cortou o umbigo com um punhal que ele é ferreiro.

O nenê parece um pouco com Natanael mas é moreno e chora o tempo todo e não dorme à noite e nem eu e de manhã vou tonta lavar a roupa no rio.

A velhinha traz frutas e doces e também leite de cabra e Negro Álvaro fez uma cadeirinha de pôr no arreio para levar o nenê a passeio.

Negro Álvaro está bem posto no arraial porque é o único ferreiro e anda todo engomado e até cabeleira comprou. Ele traz cavalinhos de pau e chocalhos para o André João e panelas e fitas para mim.

Hoje parou no terreiro um coche grande e rico e dele desceu um senhor bem fidalgo.

Perguntou se eu era a tal Natália, da Purificação que ia casar com o mancebo assassinado. Ele então se apresentou, que era o pai de Natanael, rico senhor em Cachoeira.

Contou que já me pegara ao colo quando andava eu em cueiros, em um casamento na Bahia. Eu não me lembro, que era pequena demais mas acho que ficava no barranco jogando pedrinhas ao mar.

Disse que conhecia Pai mas não se davam, que discutiram por causa de um negro que Pai era mau para os negros. O senhor de Cachoeira tratava bem os negros e disse que vai deixar um futuro ao Negro Álvaro, que mamou o mesmo leite do seu filho.

Deu a mão a beijar a André João e achou-o forte. Ele já anda, só que cai toda hora. Deu a ele umas coroas de ouro e me disse que não vou mais lavar camisas no rio, que isso não é para mim e que vai dar nome a André João.

Hoje chegou da Cachoeira uma negrinha esperta que vai me ajudar na lide que ando ruim dos sopros e o pai de Natanael é muito bom e mandou ela.

André João foi pegar peixinhos com a peneira e caiu no rio e quase morri de susto e ia se afogando não fosse Rebuçado uivar e me avisar.

De noite teve febre e Negro Álvaro foi buscar quinino e fiquei rezando o tempo todo e ele sarou.

Veio hoje Maria Rita, que não via desde o convento. Ela casou com o seu negro fulo que é forro e está alugada de vender doce e pode viver com ele em uma casinha.

Eu chorei de saudade e perguntei de todo mundo. Disse que TiAmélia anda falando sozinha e ralhando com as negrinhas — que traz a despensa a chave porque acha que vão lhe comer os doces.

Falou que Francisco está muito rico e não casou e não quero que seja feliz porque ele não merece.

Eu queria saber de Zezito mas não queria perguntar que tinha vergonha, que jurei casar com ele e não casei. Maria Rita falou que ele bebia mesmo no coro da igreja e gritava que as aranhas estavam lá e jogava as garrafas de aguardente nas paredes até na hora da missa. Que ele tocava umas músicas bonitas mas depois esquecia e dizia que ia me encontrar no inferno um dia e eu nunca ia ter paz mesmo se essa vida acabasse logo.

Mandei ela ficar quieta que não queria ouvir mais e fui buscar sequilhos e rapadura para a menina dela que é redonda como uma pitomba.

Hoje Negro Álvaro me deixou muito feliz pois me mandou como prenda uma bela égua branca, de crina longa e sedosa. André João pulava de gosto e fomos dar uma volta ao Arraial dos Bichos que eu só tinha visto uma vez quando fugi do convento mas nem tinha visto direito.

Fui na casa dos dois velhinhos que estavam como sempre, ele escrevendo suas coisas, que dizem que é meio leso e tem medo do Santo Inquérito. Ela estava talhando uns queijos que comemos ainda quentes e estavam uma delícia.

Negro Álvaro disse que vai me fazer um coche para ir a Santo Amaro, mas não quero ir lá. Queria só ver Pai Velho e SáLuana e pedir que me jogasse os búzios, que ela acertou quando falou do moço louro.

O senhor de Cachoeira veio me buscar para a comarca mas não quero ir que prefiro o mato.

Prometi que vou quando André João for ao colégio mas só se não for em convento, que não quero filho padre. Ele gosta de brincar de missa e eu acho ruim e ele diz que vai ser bispo.

O avô dele dá risada e depois lhe dá uns queimados.

Um rapaz do Arraial dos Bichos veio hoje me pedir em casamento, que ele pensa que sou viúva.

Eu não quis e Negro Álvaro achou que eu devia que o moço é trabalhador e honrado. Falei que vou pensar, mas sei que não vou casar nunca.

Negro Álvaro veio me contar que vai se casar com uma moça branca.

Só se fala nisso no Arraial que ninguém nunca viu donzela branca casar com negro forro. Os pais dela não gostam mas não vão fazer nada, que Negro Álvaro está enricado e eles gostam de dinheiro que são só remediados.

É uma rapariga bem feita, meio russa com as bochechas vermelhas e ri por tudo e por nada, de nome Rosalva. Sabe bordar e tecer e sabe ler que andou estudando com as irmãs.

Muita gente no arraial torceu-lhe o beiço, que vai casar com negro, mas ela ri muito e anda de braço com ele no meio da praça como se andasse com um barão.

Hoje Negro Álvaro veio muito aflito me pedir que receba Rosalva, que andam maldando coisas e o pai lhe disse que se quer casar que case mas não a quer mais em casa.

Negro Álvaro foi falar ao Padre e vão casar no fim da quaresma e até lá ela fica aqui e até é bom que eu fico muito sozinha e ela ri muito e todo mundo ri junto.

Hoje Rosalva me perguntou o que fazem um homem e uma mulher quando se casam que todo mundo fala que ela já fez mas é mentira.

Eu contei do que fazia com Natanael, que já faz cinco anos que ele morreu mas eu ainda lembro.

Eu estava com pudores de falar, mas Rosalva havia feito uns licores, que a mãe dela sabe as receitas que aprendeu com a avó. Os espíritos do licor me subiram e fui falando sem parar e Rosalva ria e ficava vermelha e dizia que sentia calores e que não sabia se um dia teria coragem de fazer essas coisas.

André João acordou e quis chorar e demos licor também a ele que dormiu.

Depois estava tonta e fui deitar-me ao catre mas tudo virava e havia fogo me queimando e pela primeira vez depois que mataram Natanael eu quis ter um homem comigo mas não tenho. Fiquei lembrando de Francisco, que tenho raiva dele, e de Zezito e fiquei cismando de ir procurar e dizer se me perdoa e esquece da aguardente e vamos casar na Cachoeira e lá tem muitas igrejas e ele podia tocar.

Terminou hoje a Quaresma e veio um padre de Cachoeira rezar missa no Arraial dos Bichos. E também veio casar Rosalva e Negro Álvaro que depois fizemos um sarau aqui e veio pouca gente mas foi divertido.

Matou-se um capado e o assamos no braseiro, e o senhor de Cachoeira veio e deu a eles um bom pedaço de chão, e chorei muito de contente porque em um carro de boi me trouxe um cravo, que eu nunca mais havia tocado nada.

Maria Rita veio para o Arraial dos Bichos e me convidou para batizar a menina dela que já é meio grande.

Lembrei do Curumim e tive saudade que eu nunca vi mais ele.

Ela me contou muita coisa. Que anda agora lá no Engenho uma negra velha e intrigante, que caiu nas graças de TiAmélia. Disse até que ela foi dizer a Zezito na Santa Luzia que eu tinha caído na vida e ele bebeu mais ainda.

Agora fico o tempo todo tocando o cravo e umas músicas que Zezito fez para mim, mas queria tocar mais.

Eu tenho que fazer o serviço que a Negrinha ajuda mas não faz tudo.

André João joga suas coisas pelo chão e nunca guarda nada. Se ele ajuda faz uma imundície, derramando tudo.

Negro Álvaro veio hoje com Rosalva, que tinham ido a Santo Amaro ferrar uma tropa.

Contou que a negra que amamentou ele e Natanael mas que não era mãe de sangue anda agora pelo engenho. É a tal velha intrigante que TiAmélia se tomou de amores. Ela gostava mais do filho branco e me odeia porque acha que Natanael morreu por minha culpa.

Ela é forra e vivia com o senhor de Cachoeira mas ele não a quis mais porque ela tem parte com o Cousa-Ruim. Ela inventa muitas coisas de mim e faz Zezito sofrer muito mas finge que é amiga e lhe dá aguardente.

Contou que Pai mandou puxar a aguada do engenho vizinho e lhe manda quebrar a moenda no meio da noite para vender melaço sozinho.

Eu fiquei triste e disse que vou ver Zezito assim que a porca parir, que não posso deixá-la sozinha.

Hoje fiquei com medo, que Negro Álvaro levou André João a ver os quilombolas.

Eles vivem em um mato fundo, em uma aldeia e só falam uma língua que nem parece de gente. Diz que têm muitas armas, que Negro Álvaro que leva o ferro. Eles demoraram muito e fiquei com cuidados e até me atacaram os sopros, que muita gente quer achar o quilombo e tocar fogo.

André João voltou jogando as pernas e disse que aprendeu com os guerreiros do quilombo. E trouxe um tambor de pele de cobra que fica batendo tanto que já ando meio lesa.

E Negro Álvaro ainda fica lhe ensinando umas cabriolas esquisitas e eu acabo rindo e Rosalva também.

O sr. de Cachoeira veio hoje e me disse que André João já tem idade para ir ao colégio na Bahia.

Eu não quero, que ele é muito pequeno e devia ficar com a mãe. E também eu não quero ficar sozinha.

Rosalva fica me falando que eu case, mas o moço do Arraial é meio tonto e não o quero.

O sr. de Cachoeira pagou um dinheiro aos padres e conseguiu uma certidão, como se fosse antiga e agora pela lei da Santa Igreja sou viúva. Ele mesmo me disse que casasse e lhe entregasse André João mas tenho medo.

André João é esquisito. Não quer comer à hora das refeições e tudo o mais. Nunca faz as cousas na hora em que eu ou a Negrinha mandamos e a Negrinha fala brincando "André João, vou depois, agora não!"

Tenho medo que os padres se zanguem no colégio.

Estou preocupada que Negro Álvaro meteu-se em uma briga com um moço galante que se insinuou com Rosalva.

No arraial muita gente foi contra ele, que ele é negro e devia tomar cuidado.

Fui no Arraial dos Bichos e falei com o intendente que havia colocado Negro Álvaro na prisão. Ele falou que negro não tem nada que brigar com branco mas soltou ele em nome do senhor de Cachoeira.

Negro Álvaro é meio leso e fez uns escritos que pregou nos muros do Arraial, falando que preto é gente, e os senhores ficaram que nem o Cousa-Ruim. Ninguém sabe quem foi porque pensam que negro não tem alma e não ia escrever assim. E eu tenho medo que ele ajuda os quilombolas e ele que faz os comércios lá deles, que ele sabe ler e contar.

Esta noite quase morri e os sopros atacaram forte. Bateram a porta na madrugada e quase morri de medo que era um bando de negros com peles e na frente um negro tão enorme que eu parecia uma criança perto dele.

Eu ia gritar mas André João veio correndo e pulou nos braços do negro berrando: N'gumbi! e ele falou que era o rei do quilombo e me trazia uma carga de muito valor. Chamou-me irmã que era irmão de santo de Negro Álvaro e ele tinha lhe mandado.

Contou que iam embora que do quilombo só restavam cinzas e havia muitos mortos mas as vozes tinham dito que a filha de Xangô devia ficar e que eu era também de Xangô.

Dei-lhe umas onças de farinha e arroz, um pote de melaço e umas tripas salgadas que tinha e eles me deram umas ervas e um cadinho e se foram.

E aí que eu vi em um canto uns panos, e eu não tinha reparado e fui abrir ver o que era e ouvi um choro triste, e era uma negrinha lá dos seus três anos mas quando ela me olhou eu gritei que os olhos dela eram de gato e nunca tinha visto negro de olho assim, só um holandês que vendia fitas no engenho.

Tive medo da pequena que ela de repente parecia grande e eu via uma coroa na cabeça dela e ela falou: N'gumbi meu pai na terra, Xangô meu pai no céu!

Caí no chão e só acordei com a Negrinha gritando Nhanhã e a pequena dormia abraçada a André João. Esquentei para ela um quarto de leite de cabra que tinha e lhe dei com pão e não sei o que faço que ela é bonitinha mas não gosto dos olhos de gato. Fico achando que a mãe era branca mas a pele é bem preta e o cabelo não é ruim.

Tenho que levá-la no Arraial quando vier o padre, que não quero que morra pagã se pega as bexigas. Deus me livre, mas acho que não, que ela é bem fortinha.

Tenho medo de Ingá, que é boa mas às vezes parece que fica grande e fala coisas que ninguém entende.

Levei ela para o padre e ele falou que era filha do pecado por causa dos olhos de gato e ela cuspiu na cara dele e ela falou que ele era o Demo que mandara matar N'gumbi. O padre ficou que nem um linho e me disse que vendesse a infeliz e falei que não era escrava. Ele falou onde estava a carta dela e eu tenho medo que levem ela embora porque não tenho.

Às vezes acho que ela tem parte com o Tinhoso, que é tão pequena e aprendeu a escrever e a tocar no cravo mas canta umas músicas em uma língua que ninguém entende. Mas acho que o Cousa-Ruim não ia fazer umas músicas tão bonitas.

Ela gosta do Negro Álvaro mas ele anda sumido que estão desconfiando que ele que prega os escritos porque é negro e sabe escrever. Agora eu sei que TiAmélia diz que negro não tem alma mas tem, que Ingá é boa e os bichos vêm ouvir quando ela toca, e Negro Álvaro também tem, que escreve com boa letra.

Ingá não sabe quantos anos tem mas não pode ser mais que quatro ou cinco e não parece, pelo jeito que escreve e toca mas quando ela tem medo chora que nem criança mesmo e brinca de pegar com André João que é maior que ela.

A Negrinha chama ela de Santinha e eu não gosto que ela fica prosa.

Faltam só dez dias para o Natal e no Arraial dos Bichos inventaram um presépio e todos vão participar.

Negro Álvaro é um dos reis magos que muita gente não queria que é negro mas um dos reis também era, acho que era Gaspar.

André João vai ser pastor e Ingá o anjo mas tenho medo, que ela fala coisa que ninguém ensinou.

Negro Álvaro fala bonito e o padre concordou que ele é forro e sabe ler mas não queria Ingá que disse que anjo não é preto. Ingá disse que sua alma que é danada e o padre começou a espumar e caiu duro e ela vai ser anjo e já tem gente levando lume para ela na fazenda.

Senhor seja louvado, é Natal e foi linda a festa! Todos choraram e Negro Álvaro era Rei e todo mundo viu.

Quero morrer se minto mas Ingá estava no meio da luz e de repente sumiu e houve gritos e choro e não sei mais dela.

Quero a menina mais que tudo mas sumiu, era minha mas se foi e chorei dez dias e dez noites. Dizem que os quilombolas vieram buscar, mas acho que Deus é que a levou em um raio, que teve estrondo e tudo.

N'gumbi me deu Ingá e se ela se foi eu não quis, que Deus me traga de volta quando puder, é minha filha de qualquer jeito que nem André João.

Quase fico louca. Quero Ingá mas sumiu e era linda, tão esperta e preta, quero ela mas não sei. O padre diz que não é milagre que Deus não ia levar negro para o céu mas ela sumiu e eu sei que negro tem alma.

Quero Ingá e vou atrás dela no mundo, sem dinheiro que não tenho, e se Deus me desse muitas vidas eu sei que ia encontrá-la.

Quero Ingá, Senhor, a filha negra que Deus me deu, cadê Ingá?

Nem acabei de chorar por Ingá e vem Negro Álvaro com cousas que eu não queria ouvir.

Que ia ferrar toda cavalhada do senhor de João Lopes, rico por demais e casado com Marica Gomes, moça nova, que só por dinheiro o pai fez casar com um velho desses.

Não sei por quê, uma coisa me cutucou o peito e disse a Negro Álvaro que não fosse mas ele tem cabeça dura e foi.

Negro Álvaro é forte, de torso bem feito e carne e nós e só sabe trabalhar se não for em camisa. Ficou em culotes, ferrando a animália e Marica Gomes ficou olhando, moça que é, quase sem as prendas do marido.

Negro Álvaro contou que ele malhava o ferro e ela lhe enlaçou a cintura, pedindo-lhe fosse homem para ela como não era o marido. Que por ele morreria ou mataria mas queria um filho seu.

Negro Álvaro, que ama muito Rosalva repeliu. E mandou que ela fosse ao padre e de lá saiu deixando muitas bestas sem ferrar.

Hoje soube que o sr. de João Lopes quer prender a Negro Álvaro por lhe deixar as bestas de pés nus.

E que lhe quer chibatar por ter dito gracejos a Marica Gomes, que eu sei que é mentira mas ela contou. Essa mulher tem inveja que nenhum homem lhe quis e João Lopes se casou porque é rica.

Eu tenho medo, que Negro Álvaro é bom mas estourado e pode matar João Lopes e quer matar todo mundo.

E ele quer que eu conte tudo ao sr. de João Lopes mas não quero, que ele mata Marica Gomes. Ela odeia Negro Álvaro porque o amou e ele não a quis.

Eu sou fraca e tenho raiva de mim. Rosalva foi embora que acreditou que Negro Álvaro andou gracejando com Marica Gomes e eu deixei.

Eu tive medo do sr. de João Lopes que perguntou se eu queria ver André João crescido.

Negro Álvaro vai embora do Arraial dos Bichos e a culpa é minha. André João me xingou de bruxa e disse que um dia vai com ele.

Eu vou procurar Zezito e casar com ele, que mulher sozinha é oficina do diabo e amo Negro Álvaro e amo Rosalva mas tenho medo por André João.

Senhor, tenho medo!

Sei que não verei mais Negro Álvaro, nem Ingá!

Ingá vai me voltar porque os anjos voltam.

Rosalva é mulher dama e diz que foi abandonada. Dizem que é porque casou com um negro e eu sei que é mentira. Negro Álvaro era fiel e Marica Gomes gostou dele que é bonito e bem feito.

Mas uma mulher sem marido que nem eu não pode falar nada.

Negro Álvaro foi embora e a Natália que nunca teve um irmão vai morrer sozinha.

Porque Negro Álvaro tem alma e eu danei a alma dele. E se ele fosse branco era meu irmão e Rosalva a cunhada que Deus mandou.

Uma vez SáLuana falou que Deus manda muitas vidas todo mundo junto.

Deus, eu quero Ingá e quero Negro Álvaro e quero Rosalva, que eu sou ruim e tive medo.

Eu tive um sonho e Ingá falou que volta — menina preta na terra de branco — mas que eu vou fugir.

Hoje fui ao Arraial dos Bichos ver se via Rosalva e ela estava toda pintada, com os seios quase à mostra e não sei que artes usou que o cabelo está que nem onça ruiva.

Mas tive medo que uns homens barbados me disseram graças que não gostei e dei com o relho na cara de um gordo de focinho de bode.

Corri de volta e resolvi que vou embora que aqui não tenho mais ninguém.

Negro Álvaro não volta mais e vou mesmo procurar Zezito e ver se ainda me quer. Eu sei que é uma bilha de aguardente mas toca bonito e eu faço ele parar de beber.

À noite dei um tiro para o céu, que um homem veio me procurar, que eu era amiga de Rosalva e pensou que era igual. Rebuçado lhe rasgou as panturrilhas e André João nem acordou.

Vou embora ainda nesta lua, que me sobem os calores e quero um homem mas não assim. Vou buscar Zezito que é um odre mas me ama e se o trouxer aqui não vai ter o que beber e sara.

Hoje a Negrinha me ajudou a arranjar as coisas e meter uns trastes em baús, que vou mesmo procurar Zezito e ver se casa comigo.

Fui primeiro ao Arraial dos Bichos despedir-me dos velhinhos e ri-me à tripa forra, que brigavam por causa de formigas. O Velho havia posto rapadura aos cantos da casa para ver as formigas comendo. Dizia ele que as formigas eram gentes a trabalharem assim tão unidinhas e a Velha resmungava que além da rapadura lhe comeram também as compotas.

Mas me deram um rosário e queimados a André João. Pediram a Deus que eu encontrasse Ingá e disseram que se eu voltar posso morar com eles.

Deixei hoje as terras da mata. A Negrinha fica para cuidar e lhe escrevi uma carta de alforria, porque depois de Ingá sei que negro tem alma. Vou levar a carta para o sr. de Cachoeira fazê-la valer e me dar umas coroas, que prometeu se me casasse de novo.

O sr. de Cachoeira recebeu-me bem e disse que eu fazia bem em arranjar marido. Que se tivesse outro filho teria gosto na união.

Chorou de verdade ao saber de Negro Álvaro e me censurou. Que eu o tivesse procurado e o moleque não ia se perder. O sr. de Cachoeira é muito bom e vi que ele queria achar Negro Álvaro mas eu não sei onde ele está.

Em Cachoeira me contaram a história triste do louco que andava gritando por uma mulher. Dizem que vivia dos vapores de aguardente e nos restos de um sinistro encontrou uma menina negra, com olhos de gato e carregou consigo.

Fiquei cismando e perguntei o nome da negrinha. Dizem que ela estava meio lesa e só dizia Nata, Nata.

Se for Ingá eu vou achá-la que dizem que o louco foi para Santo Amaro e é para lá que vou, para encontrar Zezito.

O sr. de Cachoeira queria que eu deixasse André João mas eu não quis. Se eu casar dou ele pro avô para estudar, mas só se for me ver sempre.

A égua empacava se a grama era verde mas chegamos na cidade. André João reclamou o tempo todo mas também queria achar Ingá.

Hoje subi a pé a ladeira até o solar.
Uma negra velha gritou "lá vem Nhanhã Natália e um menino-homem, Cristo seja louvado!".
E só me abriram as portas que eu agora era a viúva do filho do sr. de Cachoeira. Assaram galinha e porco e serviram confeitos a André João.
De Zezito não queriam falar e só os negros me contaram que anda pelo mundo malucado, sempre bêbado mas acabou voltando para Santa Luzia e tocava músicas que faziam chorar.

Queria morrer por não ouvir meu coração. Só hoje fui procurar Zezito na Santa Luzia, de vergonha dos parentes, que ele é pobre e bêbado.
Estava tudo quieto e eu subi ao coro e pensava no calor das mãos dele me apertando e nas palavras que eu ia dizer, que ele não bebesse mais e casasse comigo.
Quando eu entrei na igreja não se ouvia nada e subi ao coro com o coração aos pinchos e esperava os braços dele me abraçando quando abri os olhos e vi Zezito na ponta de uma corda, os olhos saltados e a língua saída — no chão uma garrafa de aguardente quebrada e ele morto e duro e eu gritei e gritei tanto que correram todos de perto, e o padre acordou e gritava também, e aí eu vi no chão a boneca que a Negrinha cosera para Ingá e desmaiei.

Hoje acordei e me contaram que andei por dias entre a vida e a morte.
O corpo de Zezito não sei para onde levaram, que quem se mata não pode ter repouso em campo santo.
E me contaram da menina que ele achou perdida no fogo e que gritava "Nata, Nata!" e que morreu de febre. Diz que Zezito cuidou dela mas que bebia e não sabia o que fazer, e dizia que era eu vinda do céu.
Hoje fui à tumba da menina, que eu sei que era Ingá e é no cemitério dos negros.
Puseram uma pedra branca em cima e uma gata fez ninho lá, de olhos iguais aos de Ingá.
Escreveram na pedra com lenha queimada Nata e eu berrei e caí e acordei agora, mas queria não ter acordado e que estivesse morta.
Deus me tirou Ingá e me tirou Zezito e não quis me tirar a vida.
Toda hora me trazem caldos e eu não quero tomar. Trouxeram Maria Rita que está bojuda e tenho vergonha mas senti inveja dela, que tem homem e vai ter outro filho.

Ela cuidou de mim e deu conselhos que vá procurar SáLuana e Pai Velho que vão saber o que falar, mas não queria ir no Engenho do Pai, que dizem que um negrinho morreu no chicote por ordem de TiAmélia.

Não posso ficar o resto da vida aqui e não sei para onde vou. Mas criei coragem e vou procurar Pai Velho e SáLuana e o Demo que cuide de TiAmélia e o Pai.

O moço de Maria Rita levou André João para o avô em Cachoeira e eu vou sozinha, que não tenho mais Ingá e filha mulher é que é companhia para a mãe.

Cheguei de noite no Engenho e nem quis ver Pai e TiAmélia, que chorei o caminho todo e fui direto para a cabana do Pai Velho. SáLuana não acreditava e chorava de alegria e Pai Velho recebeu o Rei que me chamava filha e começou a trovoar.

Contei tudo para eles, que disseram que não desesperasse que ia ter de novo Natanael nos braços e que ia ser pequeno e louro e depender todo de mim. E que eu ia pagar a Negro Álvaro cada vergonha que ele passou e que ia brigar com o mundo para defender ele.

SáLuana falou também que Zezito vai continuar me esperando sem conseguir, porque se matou e de castigo vai demorar para casar comigo, mas que ele não perdoa que eu prometi esperar por ele e não cumpri e que ainda vou prometer mais e não fazer.

André João vai estar sempre comigo, mesmo que suma nessa vida porque ele não vai longe sozinho — tem bom coração mas precisa da minha cabeça.

Eu fiquei meio lesa que não entendo eles direito mas quis saber de Ingá, e SáLuana falou: "Nhanhã vai perder ela de novo e vai chorar e ficar quase louca, mas Nhanhã vai ser rica e famosa e vai esquecer. Depois Nhanhã vai achar ela na chuva e vai conhecer ela e levar ela para casa."

As ervas queimando me deixaram tonta e eu dormi e sonhei com um lugar cheio de nuvens e neblina e eu usava roupas estranhas e entendia a dança das estrelas.

Hoje veio um escravo da Casa me buscar que Pai soube que estava aqui. Agora quer me ver, que pela lei sou viúva e o sr. de Cachoeira lhe pagou um dote em ouro.

Mandei dizer que fosse então ver o Demo e mais tarde voltou o negro a dizer que levara sete bolos pela resposta malcriada e que pediam que eu fosse que TiAmélia morria.

Deus perdoe mas era mais fácil eu querer socorrer uma serpente peçonhenta da mata que ir prestar ajuda a TiAmélia. Mas Pai Velho me falou que fosse e fui e juro que a serpente faria melhor figura. TiAmélia estava feia se é que podia ficar mais feia e seca e gritava com as negras que a serviam. Reclamava das mezinhas e ameaçava céus e terras.

Ao me ver deu um sorriso que nem o Cão e disse: "Então Nhanhã casou com o filho do sr. de Cachoeira?" e eu queria mandá-la ao inferno mas tive pena que estava morrendo e disse que sim e que voltara para cuidar dela, que era minha tia e me embalou.

Ela perguntou se era verdade que eu tinha dois filhos com dotes do sr. de Cachoeira e eu disse que sim que o menino morava com o avô e era inteligente, embora meio lerdo mas que a menina estava morta.

TiAmélia fingiu uma cara de triste e perguntou como ela era. Eu falei uma negrinha de olhos de gato e TiAmélia cuspiu na minha cara e eu saí correndo para a cabana do Pai Velho que se não ia matá-la.

Pai apareceu e perguntou o que havia e eu lhe disse que enquanto queimasse no inferno ia ver os negros dançando no céu.

Não sei como cheguei na cabana, que acordei hoje do desmaio e toda dolorida. SáLuana me falou que voltasse ao Arraial dos Bichos e fosse viver com os velhinhos, que não têm filhos e me querem muito.

Veio um negro contar que TiAmélia morreu e eu não chorei nem nada, que ela era feia e má e tinha raiva das outras mulheres que tinham homem. Sei que ela me criou mas se pudesse me afogava em um poço, que eu não era das suas entranhas.

Pai Velho me falou para eu perdoar, que se não ela vem me atormentar de novo e eu não sei se acredito. Ela vai ter tumba de mármore com letras de ouro e Zezito não tem túmulo e Ingá está embaixo duma pedra.

Só lembro que arrumei os baús mas não lembro do caminho até o Arraial dos Bichos. Variei pelo caminho e acordei hoje, na casa dos velhinhos que estavam aflitos de me ver sozinha, sem Ingá nem André João.

Eu contei tudo e eles disseram que André João devia vir comigo, mas foi ele que quis ficar com o avô, que queria aprender coisas e ser um doutor.

Eles me trazem frutas e queijos diferentes e doces de todo jeito que se eu comer vou parecer uma capada.

Pedi aos velhinhos que vão morar comigo que não quero ficar só e a casa lá é maior e todos nós cabemos. Eles querem deixar a mim e André João a casinha que eles têm e o terreiro, eu não quero mas eles dizem que são velhos e não vai aproveitar a ninguém.

A Velha é meio brava e acha que tudo tem que ser como ela quer, mas ela só quer que seja tudo para mim.

Eu queria mesmo era ter Ingá comigo, e não entendo por que vou perdê-la de novo para depois encontrar na chuva. Ela está morta e enterrada debaixo duma pedra branca. Se eu a achar será que ela vai ter olhos de gato?

Hoje vim ao Arraial dos Bichos comprar uma manta de carne e rapaduras. A Velha lá ficou resmungando que não vinha que tinha que arear as panelas que pareciam borra do fogão.

O Velho veio comigo, mas parou na casa do Encarregado, que recebeu papéis da corte, e de lá não saiu sem que tivesse lido todos.

No mercado dei de fuças com uma mocinha de cabelos meio joio meio trigo e de língua amarrada que passou à minha frente como se fosse dona do mundo.

Fiquei com raiva e quis saber quem era e me disseram que é moça rica que vinha com marido velho de França e ele morreu no navio. Que é valente e usa espada como qualquer varão e desenha com a pena de pato qualquer ser vivente que Deus pôs no mundo ou ainda vai pôr. Disseram que os homens se arrastam para casar com ela, formosa e rica mas ela os trata como aos passarinheiros do seu canil.

Quando olhei nos olhos dela paramos que somos muito iguais — ela trigo e eu escura mas Deus usou a mesma pena.

Ela é moça e eu sou mulher mas o homem que caiu por mim ia cair por ela.

Sou muito lesa que não sei se queria matá-la ou beijá-la e acho que ela também.

Ela é estranha, que queria ovas de peixe e como o bodegueiro não tinha o descompôs de nomes em francês. Ela é linda e feia, mansa e feroz e eu morri de medo e voltei para casa tremendo, que ela é igual a minha cara mas eu sou a Natália sem marido e filhos, e que não tem coragem de atravessar o mar.

Fiquei com raiva e com vergonha, que ela queria ovas e eu toucinho e eu tinha as mãos raladas do rio e as dela eram finas como beiju. Saí correndo e até esqueci meus embrulhos e fui buscar o Velho que ainda lia, repimpado em um canapé.

Quando cheguei, não sei por que me deram os sopros e chorei como a cana na moenda. Passei a noite com um ouriço no bucho e as tripas desatadas.

Hoje acordei com a face redonda como a lua e os olhos de mão-pelada. Estava me sentindo feia como a Sinistra e não queria ver ninguém quando a Negrinha me chamou, que Nhanhã viesse que lá estava uma mocinha com serras na língua e que viera em rico coche com cavalos de escalão.

Queria morrer, que ninguém ia me ver tão feia e ainda tentei lavar a cara e ajeitar as melenas e revirava os baús catando algum carmim quando a mocinha entrou aos trambolhões e disse que viera entregar meus pertences que eu esqueci na bodega.

E disse também, jeito de falar de grilo, que veio porque lhe disseram que Nhanhã era a única mulher do arraial que tinha miolos e que sabia música e francês e lia como qualquer homem.

Foi sentando no catre e fuçando tudo com ares de senhora. Traçou com uma pena uma garatuja do Velho, que ficou tal e qual e rimos e ele lhe emprestou livros e depois ela comeu doces que a Velha trouxe e não sei como não parece uma pitomba do tanto que come.

Ia às vezes à frente da casa e dizia descomposturas ao cocheiro e ao pajem que não amarraram bem a parelha ou que a boléia não brilhava e pediu se podia pintar a casa e o rio em uma tela, que o lugar era bonito e diferente da França que também era bonita.

Eu queria lhe agradar e disse que sentia muito que o marido tivesse morrido e ela disse que não sentia nada, que ele era velho e maçante e de vantagem só tinha ser rico e isso era melhor depois de morto.

A Velha se benzeu e o Velho deu uma tosse mas eu ri e a Negrinha e ela disse que a moleca não se metesse. A Negrinha pôs beiço e foi à cozinha e Simone, que é assim que a francesinha chama nem percebeu e eu perguntei se ela achava que negro tinha alma.

Ela disse que os negros eram interessantes de se desenhar, podia ser que tivessem mas os gatos também eram bonitos.

Ela foi embora sempre atentando os criados e disse que mandava me buscar depois da Trindade, que queria me mostrar seus traçados de pena e que ia mandar vir da Bahia mais telas para pintar o quadro.

O Velho colocou a garatuja nuns esquadros e pendurou na parede e ficou falando que algum meu avoengo andara na pândega em França para a tal Simone ter assim a minha figura.

Esta noite acordei com uns estrondos, e uns coriscos cortavam o céu e eu lembrei de André João que tem medo dos barulhos e acorda gritando e agora no colégio ninguém vai dar atenção.

Fui acender uma vela de sebo para Santa Bárbara e pôr uma palma de Ramos na janela e deu um pé de vento na janela que se escancarou e eu fiquei dura e o cabelo eriçou, que N'gumbi estava lá e brilhava todo que nem pirilampo e ele perguntava: "Nhanhã cadê a filha que te dei?"

Eu comecei a berrar como o capado na sangria e correram todos, o Velho em camisa, e eu estava gelada e a alcova encharcada que a chuva entrava e não tinha ninguém na janela.

Deram-me umas tisanas que bebi e não sei se eram amargas e troquei a camisa e fiz escalda-pés e queria Ingá que alguém levou, e então se não foi N'gumbi como ela foi morrer na Santa Luzia?

Passei três dias me ardendo e a Velha queria entulhar-me de quitandas que voltavam logo à boca.

Hoje levantei com gosto de fel na boca, que tinha medo que tivesse me rompido alguma coisa por dentro mas logo veio o coche de Simone para me levar ao Arraial e eu fui, que a Velha não queria que achava perigoso.

A francesinha estava sentada em uma rede lendo livros e quando entrei meteu-se por baixo de minhas saias uma cadelinha de maus bofes que mordeu-me a panturrilha e rasgou-me as calçoilas. É uma cadela com porte de rato que nunca vi tão mirrada mas Simone diz que não é nova e até já criou e veio da França mordendo todos os grumetes do navio.

Simone quis saber da minha vida e eu falei, eu que nunca falo nada e até me engasguei e ela me pediu se tinha retrato de Natanael que me faria um quadro e eu tenho um medalhão que não uso que tenho medo de perder.

Eu falei de TiAmélia e ela lembrou que uma noite pousou no Engenho quando vinha da Bahia e que Pai sabendo-a viúva moça e rica quis embeiçar-se por certo mais pelo ouro, que ele é viúvo desde que eu vim à luz. A tal Simone tem a língua solta e lhe disse que velho por velho preferia o marido que pelo menos estava morto e enterrado e não assombrando os outros.

E antes de partir deixou a TiAmélia uma das suas garatujas com as fuças dela mas corpo de cascavel, com guizos em riste e língua partida.

Simone é estranha e meio lesa que não tem pena de ninguém e ri alto e logo depois descompõe. Mandou servir a mesa, com quitandas da França mas escolhia para si mesma sempre os maiores bocados.

Mostrou-me um cento de garatujas que são de fazer rir até o homem das covas e retratos e lugares diferentes.

A cadelinha morde a cada hora os escravos e não gosta de ninguém e eu acho que Rebuçado é bem melhor, e ela tem também muitos gatos coloridos e faz retratos deles tal se fossem gentes.

Ela me fez beber vinho da França e eu fiquei torpe e sentia um redemunho e acabei tendo que deitar em uma alcova até os espíritos do vinho saírem.

Voltei tarde à casa e a Velha estrebuchava, que morria, que ninguém lhe dava trela e que eu não tinha juízo e Rebuçado queria cheirar-me que sentia ainda à cadelinha e disparei a rir à frouxa e de rir pus-me a chorar e dormi ainda sentindo os vapores.

Vieram hoje duas cartas da Bahia. Uma é de André João que já escreve direitinho mas eu acho que cheio de meandros porque usa vinte palavras para dizer o que caberia em três.

Diz que está gostando das aulas e que sabe todas as rezas e a hora de dizê-las e gosta muito de cantar no coro e ajudar na missa. Só não gosta da noite, que os outros meninos não querem dormir com ele, que ele grita e acorda todos os internos.

Ele não pergunta se eu estou bem dos sopros nem nada, nem dos velhos e da Negrinha nem do Rebuçado. Acho que os filhos são assim mas eu não sei que só tenho esse. Tinha Ingá que era filha torta mas morreu mas acho que as filhas são diferentes.

A outra carta é do senhor de Cachoeira que quer que eu vá à Bahia que tem assunto de monta a tratar comigo e quer falar no futuro de André João e quer que eu compre roupas e cousas novas, que mais pareço uma tranqueira, com esses panos mal cosidos.

Hoje fui falar com Simone que vai por vezes à Bahia, se não quer ir comigo que não gosto de ir só e não quero ir com a Velha que não vai querer que eu saia a passeio.

Ela estava entretida com um rapaz e vi que se tratavam por tu e depois que ele saiu falei se ela não achava errado tratar-se assim tão imo a um moço e ela respondeu: "Para o que mais servem os homens?" Eu disse que não sei, que nenhum nunca me serviu de nada mas que ela tivesse cuidado que os homens pensam muito.

Ela falou que os homens não são inteligentes e têm os miolos nos colhões e que o único homem de luzes que encontrou foi o marido morto, que casado com moça nova teve a inteligência de morrer antes de levar na testa o que homem algum quer ter e por pouco deixou de se enterrar desonrado.

Ela disse que vai a Bahia buscar tintas e acha melhor ir comigo e que não vou voltar tão tanjona e sensaborona, que irá me mostrar muita coisa.

Eu ri que ela é mais moça que eu e ela disse que eu tenho pouca memória, que só lembro de cousas de vinte e poucos anos mas ela lembra de quase trezentos.

Eu não entendi mas voltei a casa meter os trastes nuns baús e o Velho deu-me uns patacões para meus alfinetes e pediu que lhe trouxesse alguns livros.

Hoje fiquei o dia todo ao cravo que fazia tempo que eu não tocava. Não sei muitas músicas e toco as que Zezito me tocava e inventava mas não lembro direito.

As cousas já estão enfurnadas nos baús e pela tarde fui para a casa de Simone para dormir e sair de viagem pela aurora.

No Arraial dos Bichos achei outra carta de André João que me deixou aos pinchos e agora sei que fiz bem de querer ir vê-lo na Bahia. Disse que pouco antes das Vésperas foi chamado ao salão porque lá estava um negro que dizia ter urgência em lhe falar. Por consideração ao senhor de Cachoeira os padres permitiram que ficasse em pé na porta e lhe levaram André João perguntando se conhecia o moleque.

André João escreveu que teve vergonha de ter amigo negro e falou que era um escravo, cria do engenho de Cachoeira e devia lhe trazer recado do avô.

Quando o padre saiu quis abraçar Negro Álvaro que era ele, mas ele enjeitou que disse que nunca foi escravo de André João e se foi de Natanael não era tratado como tal e sim como irmão que de fato era pelo leite que ambos mamaram. E que este leite era maldito porque era branco e nenhum branco faz nada de bom por um preto, que fez de Nhonhô um padre da Santa Madre e dele um salteador das estradas e fugido dos homens.

André João ficou com medo e lhe gritou que fosse embora que não gostava de bandidos e ia também ser padre.

Negro Álvaro falou que ia para as Minas Geraes, onde havia muito ouro para achar e outro tanto para roubar e quem sabe um dia ainda se veriam, não no céu, que por certo o Deus dos brancos não deixa que por lá andem os negros, mas no inferno onde vivem os bandidos e os traidores e que estava até gostando de saltear, que os brancos não merecem outra cousa. E disse que o inferno pode até ser aqui na Terra um dia, que é o que os feiticeiros dizem n'África.

O papel da carta estava marcado de lágrimas que não sei se eram de tristeza ou de raiva e eu mesma verti outras tantas não sei bem do quê.

Corri mostrar a carta a Simone que não ligou muita importância e me disse que não tivesse muitos cuidados em um negro e que tratasse folgar bastante na Bahia.

Dormi mal e sonhei com Ingá, que gritava Nata, Nata e eu estava morta e no céu, e ela estava fora no colo do Negro Álvaro que não podiam entrar que eram pretos e aí Natanael saía também, muito louro e falava que não ficava no céu se os negros não podiam entrar, e André João bateu as portas do céu na cara dos três e eu acordei suando em bicas e a boca travosa de fel.

Bem cedo botamo-nos a caminho e Simone quis ir montada e não no coche porque diz que lhe dá abafamentos e é melhor saber e ver por onde vai se metendo os pés.

Fui então também encanchada na minha eguinha o que me encruou o lumbago. Simone queria parar à beira de cada olho d'água e reclamava de tudo, descompondo os escravos.

Pela noite paramos em uma hospedaria e o homem que lá governava muito se espantou de ver duas mulheres viajando sós, que afinal companhia de escravo não é comitiva adequada. Arrumou-nos uma alcova embolorada e logo me vi às voltas com os esturros e o nariz em bicas enquanto ouvia Simone a vociferar vorazmente misturando francês e português.

Mandou-me o estalajadeiro um chá de alguma cousa viscosa e melhorei, mas quando estava prestes a dormir ouvimos estrondos e a voz do estalajadeiro que aflito tentava impedir um grupo de viajores já meio tocados pelo espírito de invadirem nossa alcova. Gritava-lhes que não lhe desonrassem a casa, que éramos duas jovens viúvas a caminho da Bahia e Deus castigaria o impiedoso que disso se aproveitasse.

De um pulo ergui-me e meti o vestido por cima da camisa, que Simone já estava vestida. Perguntei-lhe se empurrávamos o escaninho contra a porta para travar os entes perdidos que a forçavam, mas em um lume vi Simone escancarar a porta da alcova. Os viajores atiraram-se dentro aos uivos mas pararam fulminados ao ver rolar a cabeça de um deles pelo fio da espada de Simone que nem tremia e perguntava quem viria em seguida.

Os viajores voltaram no mesmo pé, pisando-se como ratos na mira de um gato enquanto Simone mandava que um negro lhe limpasse a espada que não queria vê-la suja, que era da melhor lâmina de Toledo.

Ataçaram-me os sopros e veio a mãe do estalajadeiro que curava com ervas e rezas me cuidar enquanto Simone ressonava calmamente e a cachorrinha dava bufos de vez em vez.

Hoje resolvemos ir a Bahia por barco, deixando aqui os cavalos com um negrinho meio troncho.

A curandeira deu-nos queimados para darmos aos curumins que moram à beira do rio e disse umas preces ao fio da espada de Simone para que nunca falhe. Demos umas coroas ao estalajadeiro também para pagar pelas enxergas onde a cachorrinha verteu água.

Os índios vieram a nossa volta e eu não queria olhar que nada tinham para cobrir as vergonhas mas Simone perguntou-me qual deles serviria melhor de modelo ao Apolo nu que pensava pintar. Eu disse que não achava certo pintar-se homens nus e ela deu a risada de sempre, que os homens sempre pintaram mulheres nuas e então pintava homens e que o único problema de pintar-se um homem nu e não uma mulher era gastar-se um pouco mais de tinta.

Ficou depois encantada com um curumim que queria pintá-lo de qualquer jeito e descompôs a mãe do pequeno que não quis vendê-lo nem por algumas coroas.

Vamos agora entrar no barco, que é a primeira vez que não verei a terra debaixo de minhas solas.

Não sei quanto tempo viajamos no barco e mal lembro dele ter saído que botei fora a alma e as tripas e acho que fiquei como a cana que sai do engenho.

Ficamos na casa de um grande senhor, amigo do marido velho e defunto de Simone que nos preparou mil quitandas mas não pude provar nenhuma que ainda me subiam os engulhos. Simone comeu a parte dela e também a minha atirando bocados à cadelinha, que mordeu o pajem três vezes durante a ceia.

Hoje acordei melhor e quis ir ao colégio ver André João. Simone deixou-me de coche mas não quis entrar que acha um desperdício isso de homens confinados em conventos sem servirem às mulheres.

O prior veio receber-me e perguntei se André João era ajuizado e sabia todas as rezas. Disse que era o jovem que mais preces declamava e todas no mais casto latim, mas fora obrigado a puni-lo por estes dias que tendo ido ver os cavalos à cavalariça deixou abertas as porteiras e os potros fugiram tendo sido tarefa insana arrebanhá-los.

Mandaram então André João servir na cozinha como castigo mas ele deixou abertas todas as portas dos guarda-comidas e os ratos deram conta das provisões de todo um mês. Repreendido disse não entender para que servem as portas uma vez que precisam ser abertas, ao que o prior respondeu que ao morrer ele seria um perigo deixando abertas as portas do céu para que lá entrassem muitos malfeitores.

Foram depois buscá-lo para que eu o visse e ele está bem grande quase pelo meu ombro e cortaram-lhe os cabelos e eu não gostei. Deixaram-me tirá-lo por dois dias para estar comigo e fiquei contente de poder mostrá-lo a Simone. Ele foi arrumar umas roupas e saímos felizes, depois de André João precisar voltar para fechar a porta da alcova que esquecera às escâncaras.

Que Deus me perdoe mas acho que não foi boa cousa trazer André João para mostrar a Simone que os dois não pararam mais de dizer-se graçoilas e a arremedar-se e ando já meio lesa.

Principiou quando André João botou os pés aqui e Simone perguntou se esse era o tal papa-missas e André João perguntou onde eu arranjara amiga tão feia que fala com lábios de quem chupa limão.

Foram assim por toda a tarde e não pararam nem à ceia com Simone oferecendo a André João beijus que sabiam a hóstias e André João falando que Simone prestasse atenção aos grilos lá fora que falavam a mesma língua que ela e Simone dizia que ele até seria um belo homem não fosse ter decidido andar de saias e André João dizia que era melhor usar batina que uma saia com espada nas dobras.

Quando nos recolhemos berrava cada um de sua alcova e eu berrei também, que Deus me perdoe a má palavra, que fossem provocar-se no inferno.

Simone disse que não, que na casa do Cão não entram fedelhos sabendo a incenso e André João disse que Simone se sentiria bem por lá que a língua da Besta há de ser o francês, e eu tive que descer as escadas e dormir encolhida em um canapé com as almofadas tapando os ouvidos.

Hoje acordei com o choro de André João, indignado com uma garatuja sua de padre com um grande ventre e careca a empanturrar-se de hóstias que lhe apareceu pregada na porta da alcova. As provocações continuaram e eu vi que os dois se comprazem nisso e não se largam mais e não vou mais me importar.

O sr. de Medeiros que é nosso hospedeiro hoje me disse que haverá uma função em nossa homenagem, que ele já expediu os convites e virão muitas gentes bem-postas. Iaiá de Medeiros disse que nos puséssemos bem bonitas que viriam muitos senhores que queriam conhecer-nos e que devíamos tomar novamente estado, viúvas que somos mas ainda moças.

Iaiá de Medeiros é bonita, mesmo que já tenha mais de dez lustros e os filhos todos casados e ela e o sr. de Medeiros são bons e os escravos os estimam e são amigos do sr. de Cachoeira que deve vir encontrar-me logo.

Eu estava com medo de descer para o salão porque me sentia feia de tanto tempo que vivia no mato mas Simone arranjou-me um vestido seu, de brocado de ouro que trouxe de Paris e tivemos que encurtá-lo que ela é bem um palmo mais talhada do que eu. Soltou-me os cabelos e encacheou e empoou e passou-me carmim, eu não acreditei quando olhei no espelho que era bonita e nem conseguia descer as escadas porque não queria parar de olhar minha imagem.

Simone me arrastou lá para baixo e fiquei tonta que fazia tempo que não via tanta gente, e tantos senhores me beijaram as mãos e eu ouvia música e até toquei em minha espineta e no cravo e dancei umas quadrilhas, e fiquei impressionada com o sobrinho do sr. de Medeiros, moço velho de seus quase seis lustros mas muito guapo e de talhe para uma viúva que ele pensa que sou, já com outro tanto de anos.

Simone dançou com todos os outros rapazes e os trazia atrás de si como se fossem perdigueiros e fazia-me beber champagne e eu fiquei com sono e fui dormir na alcova e só acordei quando Simone entrou com um sapo babento na mão, que vinha devolvê-lo a André João que o havia posto no seu catre.

Hoje veio do engenho o sr. de Cachoeira e me fez festas e a André João, que achou grande e sabido. Deu-lhe umas coroas e ele saiu com Simone a comprar queimados e ficamos tomando licores e o sr. de Medeiros e Iaiá.

O sr. de Cachoeira disse que ficava feliz de me ver bonita e que faria muito gosto em ver-me casada com o jovem Gil de Medeiros e fiquei rubra como pitanga e disse que não pensava em tomar estado.

O sr. de Cachoeira contou-me então que como eu Natanael não conhecera mãe, morta nos trabalhos do parto e que Pai quisera empurrar ao sr. de Cachoeira TiAmélia que era ainda moça e acho que nem Pai agüentava por vezes tal irmã. O sr. de Cachoeira não a quis, mal a viu, não pela feiúra da cara mas pela da alma que antes o menino ter uma mãe na tumba do que uma com fel nas veias.

Contou-me muita cousa de Natanael que eu não sabia, que era dotado na música e aos nove anos compôs a missa pela morte da mãe mas que chorava por tudo e nada, não sabia subir nas árvores e custou fazer-lhe interessar-se por cavalos, o que só fez depois de mancebo e nunca ninguém lhe viu com uma espada ou qualquer arma na bainha.

Que em pequeno lhe trouxeram de Lisboa uma concertina que ia tocar aos escravos nas senzalas e era mui querido por todos.

Fiquei triste que o sr. de Cachoeira verteu água pelos olhos e não quis mais falar no filho morto, que morreu por minha causa mas ele não disse isso.

Iaiá de Medeiros veio hoje dizer que vamos passar uns dias na propriedade do cunhado, pai de Gil de Medeiros à beira-mar e eu fiquei contente que o rapaz não me desagrada e nem o irmão dele a Simone e acho que homem algum lhe desagrada.

O sr. de Cachoeira foi pedir aos padres que deixassem André João ficar por mais uns dias e como lhes desse ofertas eles concordaram e ele irá conosco e eu acho bom que não queria separar-me dele outra vez.

A herdade do sr. Fernão de Medeiros é bela e a praia tem areia muito branca com coqueiros aos centos com cocos que Simone não parou de beber o suco.

Simone inventou de irmos ao banho de mar e fui mas estava envergonhada de usar a camisa de banho. Simone não se importou até de mostrar os pés nus e os rapazes estavam engraçados de camisolão.

Brincamos na água que é salgada e faz espuma e é morna e não fria como a do rio. Ficamos no círculo que os escravos fazem em torno de nós e tinham lanças nas mãos para dar cabo de algum monstro que nos quisesse devorar, e André João só mergulhou após muitas orações e mesmo assim porque Simone atirou-lhe um bicho de garras e ele correu para mim.

Acho que o banho de mar me desandou alguma cousa por dentro, que me atacou uma febre forte que me deixou muitos dias variando e uma noite acordei ouvindo vozes e vi que vinham da alcova de Simone.

Fui para lá sem meter as chinelas e a friagem me deu cãibras e quando abri a porta quase morri de susto que lá ardiam muitas velas e Simone estava se mirando no espelho de olhos vermelhos, e quando ela virou para mim e abriu a boca foi a voz de Zezito que eu ouvi me chamando traidora e eu quis gritar mas fiquei muda e vi tudo às viravoltas e só voltei a mim deitada no catre de Simone que me fazia beber água de laranjeiras.

Ela me disse que nunca mais entrasse sem bater que era perigoso interromper a conversa com as almas e eu gritei que não queria saber de bruxas e que o Santo Ofício podia queimá-la por isso.

Simone me sacudiu pelos cangotes e disse que tomasse tento que isso era cousa da natureza, que os mortos não existiam, mas apenas vivos, uns com corpo e outros sem carne e que eu não os via porque era lerda e não queria. E ela disse mais, que um dia íamos juntas visitar nosso sepulcro e íamos rir que nem pó lá haveria mais e estaríamos as duas bem vivas.

Depois foi como se me vendassem e só acordei hoje, e o sr. de Cachoeira me tinha mandado vir um boticário que me fez cheirar sais e sangrou-me. Eu não queria ver Simone, que botou-me medo e contei tudo ao sr. de Cachoeira que me disse que nunca fez nada contra os Mandamentos mas que por vezes via Natanael que sorria e perguntava por mim, e que acreditava ser verdade não existirem mortos mas apenas vivos.

Só hoje tive forças de deixar a casa e saí a passeio pelo braço de Gil de Medeiros, também porque me haviam desatado as tripas.

Eu me sinto fraca e é bom apoiar-me em um homem e sentir seus braços e não quis lembrar das ilusionices de Simone, que se existem mesmo homens sem corpo eu estou precisando é de um que o tenha inteiro e espero que ele me peça em casamento e o sr. de Cachoeira se encarregue do meu dote antes que eu fique lesa de vez.

Acho que os ares da Bahia não me fazem muito bem e então resolvi voltar para casa que também estou com saudades.

Andei comprando cousas para levar de lembranças e umas rendas de bilro, que a Velha gosta de pôr trilhas nos móveis e também muitas tisanas que ela adora tomar.

O sr. de Cachoeira mandou que levasse ao Velho muitos livros estranhos que são escritos em letras que parecem das Babilônias, que acha o Velho homem de muitas luzes e sei que ele irá babar-se.

À Negrinha levo fitas e agora ela é forra e um moleque de Simone pediu-ma e eu disse a Simone que lhe desse a carta para que pudesse casar. Ela falou que não sabe que diferença faz aos negros serem donos de seu nariz mas assinou, que o sr. de Cachoeira lhe pagou pelo moleque.

Todos se preocupam mas a doença tem até me posto brilho nos olhos e carmim na face e hoje saí com Simone a visitar em um solar uma velha baronesa de França, viúva de fidalgo português e meio tia torta de Simone.

A velha é tão estufada que é tal e qual o fole do órgão e tem as ventas sempre empinadas para cima, e passa o tempo a maldizer a Colônia que diz ser bom lugar só para índios, negros, cavalgaduras e outros animais. Os escravos lhe têm pavor e ela só faz mimos à cadelinha.

Na hora de sairmos mandou arrumar uma cadeirinha que eu nunca andei em uma e vieram quatro negros enormes e de torso nu e quando eu ia subir senti que alguém me segurava e ouvi então uma voz "Natália homens não são bestas de carga!" e vi então o gênio de Natanael sorrindo e não tive medo, e disse à velha estufada que não queria tal condução e ela perguntou porque, e eu disse que homens não são bestas de carga e a velha falou que lá não havia nenhum homem mas apenas negros.

Eu lhe disse que usasse então tal condução quando se dirigisse ao meio do inferno e saí correndo e voltei para o solar dos Medeiros nas minhas pernas, mas tossi muito o caminho todo e tinha tonteiras mas quando ia cair sentia o gênio de Natanael me segurando.

Tive febre toda a noite e até escarrei um pouco de sangue e me deram tisanas e mezinhas e achei que Simone não me viria mais falar, que eu dissera insultos à sua tia torta, mas ela veio que disse que não ligava para isso de negros carregarem brancos mas que não gostava das ventas empinadas da tia, e ri que havia feito da baronesa uma garatuja em uma cadeirinha e a fuça dela parecia com a de um porco, que na verdade semelham e dizia aos negros que andassem ligeiro que tinha hora marcada com o Demo.

Não me agradou nada viajar outra vez no barco de Cachoeira mas fui assim mesmo e prometi a Iaiá de Medeiros voltar um dia mas acho que não vou voltar.

Deixei as entranhas pelo rio e foi sorte que ia também no barco uma irmã socorrista que me tomou cuidados.

Chegamos na estalagem e precisei ficar uns dias que a mãe do estalajadeiro disse que me cortaria a febre com ervas que conhecia.

Com três auroras já me sentia forte mas passamos um susto que veio tirar satisfações um jovem que era irmão do viajor decapitado e disse que não cria que uma mulher tivesse feito tal estrago e Simone disse que qualquer negra daria conta daquele borra-botas com a faca da cozinha.

O jovem, que era vil, apontou-lhe então uma arma de fogo e Simone de um só golpe quase lhe decepa a mão e ainda disse que parasse com os vagidos que tal barulho aborrecia a cadelinha.

As ervas da curandeira me botaram em pé e não sei também que bruxedos disse mas eram cousas boas e deu-me também um bentinho que guardei no medalhão.

Eu gosto deste medalhão que tem uma miniatura de Natanael louro e pensativo, e Simone fez dele um belo retrato que vai no carro com os baús e vou botar na parede e se morrer mando ao sr. de Cachoeira no engenho.

Consegui montar e nem tossi muito pelo caminho e pela noite já andávamos pelo Arraial dos Bichos e dormi na casa de Simone que descompunha os negros que não haviam lustrado tudo a seu gosto.

Perguntei a ela se acreditava que não havia mortos, se não tinha medo do homem que decapitara vir tomar vingança e ela disse que apenas fizera o favor de livrá-lo de uma carantonha feia, já que a alma não morre o que é uma pena em se tratando de tal criatura.

PELA MANHÃ cheguei à casa e os velhos ficaram tão alegres que se riam sozinhos e gostaram das prendas e a Velha me achava com bolsas nos olhos e perguntava cousas da Bahia que não me deixava contar.
O Velho atarracou-se nos livros e mostrou-me uma casinha que fizera para as formigas com os frascos das compotas.
Rebuçado pulava de contente e a Negrinha veio mostrar os novos gatinhos e se ria para o moleque que a pediu e eu falei que façam uma casinha aí pelo terreiro.
O Velho pendurou o retrato de Natanael na parede e a Velha me obrigou a comer mil quitandas, mas eu tinha mesmo fome e muita sede que comecei a ter febre e fui dormir e só estava triste que André João quis voltar para o colégio e não veio comigo.

Andei uns dias com umas fraquezas mas depois levantei e vou todos os dias ao rio levar faíscas aos peixes e também pevides. À noite o Velho fica a mostrar as estrelas e conta como os sábios gregos as colocaram nas alturas e a Velha lhe diz que não as aponte que dão cancros nos dedos.
Parece que o tempo está parado e eu ando velha e cansada que não me acontece nada, e à noite sonho com Natanael que vem dizer que nossa casa está pronta e porque não me mudo logo para lá.
Mandei recado a Simone que viesse ver-me que ando sem bofes de cavalgar até o Arraial mas ela respondeu que anda pintando e não pode interromper os anjos que a inspiram e que espera que eu não morra antes de ver pronta tal obra.

Hoje eu andava pelo rio quando veio a Velha dizer que um mancebo engaloado aparecera à porta e perguntava por mim.

Pensei que fosse Gil de Medeiros que viera enfim pedir-me a mão e corri à casa pelos fundos e botei um pouco de ordem à cara e às melenas.

O mancebo estava de costas e virou-se quando entrei e então gritei, que não era Gil de Medeiros e sim Francisco que eu não via desde o convento e puxei de volta a mão que já ia lhe estendendo. Ele disse por que não lhe permitia beijar-me as mãos e eu disse que fosse lamber as patas de todos os cães do inferno e que gostaria que elas estivessem forradas de sarnas.

Francisco disse que não lhe quisesse mal pelas loucuras dos tempos de moço e eu disse que por essas loucuras André João crescia sem pai e também Zezito estava morto e eu nem sabia se o haviam enterrado.

Francisco pôs-se de joelhos e implorou-me perdão e que o desposasse, que não tivera sossego e abraçou-me as pernas e senti como um fogo de um sinistro me queimando o peito e tirei do corpete o punhal que Simone me havia dado e queria sangrar a garganta de Francisco como se faz aos porcos se quer-se fazer chouriços, mas vi uma luz e a voz de Natanael aos gritos de "pare Natália!" e caí no chão com trevas nas vistas.

Acordei com a Velha me acudindo e perguntei por Francisco e o Velho disse que se fora como um louco.

Voltaram as febres e tive sonhos maus e via TiAmélia dançando em um chão sujo de sangue e gritando a Ingá que limpasse tudo.

A Velha ficou aos pinchos e queria buscar Simone mas eu não quis, que já chamara e ela não me quisera ver e então que lá ficasse com os seus borrões.

Hoje veio enfim Simone a ver-me reclamando a horrível dor que lhe castigava os pés, e a cadelinha espantou os gatinhos mas levou uma pisa da gata e teve que engolir seus bufos.

Simone deu ao Velho uma pintura em tela que trazia seu próprio rosto e colo com um gato, e o Velho que se baba pelos miolos da francesinha encantou-se todo.

Disse à Velha que se aviasse com a merenda e se esmerasse que seu bucho fremia de fome e pôs-se a falar com muitos erres e nem perguntou como eu estava. Contei-lhe de Francisco e ela disse que era pena eu não tê-lo roto com o punhal e só então lembrou de entregar-me carta de André João.

André João escreve muitas cousas em latim que eu não sei o que são e acho que nem ele. Diz que goza de saúde mas não pergunta pela minha e fala que virá me ver quando terminar os exames.

Simone comeu todas as quitandas e enfurnou o que sobrou para levar à sua casa e foi-se embora sem mandar limpar as porcarias que a cadelinha fez bem na soleira.

Hoje fui ao Arraial dos Bichos que lá ia um padre e haveria casamentos, que todos esperam o dia em que o padre vem, até os negros só que estes ele casa aos lotes e do lado de fora. Aí se casaram a Negrinha e o moleque Sagüi e dei-lhes um capado e fizeram uma festa lá de negros com aquelas danças de barrigadas.

Simone não foi ver os casamentos, que acha que isso de juras de fidelidade são lesuras e ficou a catar pulgas da cadelinha.

Fiquei pensando se devo casar-me ou não mas vi a Negrinha que se ria tanto de contente que deixei ao Encarregado uma carta a Gil de Medeiros que viesse ver-me.

Na festa dos negros deram-me um trago de aguardente e há de ser o gosto do sangue do Cousa-Ruim. Cheguei a casa meio tonta e quando fui entrar na alcova vi alguém à porta e era Natanael mas saiu logo e fiquei cismando se estaria aos arrufos por eu ter escrito a Gil de Medeiros.

Veio ontem Gil de Medeiros e pensei que já não vinha mas ele disse que a carta lerdara pelo caminho senão viria de pronto.

Quando o vi tive as pernas como cana ao vento, que sonhei a noite toda com Natanael e já não sei se quero casar. Mas ele trouxe muitos baús com prendas e disse que me deixaria nas mãos um anel de compromisso e quis que logo eu marcasse a data e eu não queria, mas Gil de Medeiros disse que já deixamos a juventude e não há que protelar, e tanto assuntou que respondi que casaria para o ano, durante a Conceição.

A Velha ficou dizendo se haveria tempo de se fazer um enxoval a gosto e ele disse que as bordadeiras forras de Iaiá de Medeiros dariam conta de tudo e quanto aos comes e bebes que não se inquietasse que nada faltaria.

Eu ri e lhe disse que a Velha gostava de ver todos à tripa forra e ele respondeu que com tal sogra logo assemelharia um bacorinho na ceva, uma vez que sogra a considerava sendo quem me alentava, já que a mãe de sangue era morta.

Quando ele se foi, fui à alcova ver os trastes nos baús e vi então Natanael que me olhava e quis ter medo, mas lembrei que Simone disse que não há mortos de fato e então perguntei à sombra de Natanael se me queria mal porque pensava casar-me. Ele disse que não e me queria feliz, mas que não me engabelasse pelos trastes do baú que as boas prendas um homem traz no coração, mas que meu corpo talvez não chegasse até a Conceição.

Vi então que ele tinha sumido e em seu lugar estava Zezito, descarnado e com a corda no pescoço e com a outra ponta dispôs-se a estrangular-me e pus-me a berrar e arremeti os candelabros, e a colcha do catre pôs-se a queimar e correram o Velho e a Velha que apagaram as chamas e diziam que eu ardia em febre e tive que passar a noite em uma enxerga aos pés do catre dos velhos, que o meu estava em miséria.

Hoje o Velho saiu a lenhar com um bando de alugados, que lhe enoja lidar com escravos, que acha que todos devem receber, mas na hora que saía vi a sombra de Natanael que me disse "Natália avise-os de tomar tento na peçonha."

Gritei então ao Velho e aos negros que se cuidassem da serpente e eles não ligaram importância. Mas logo voltaram todos em grande clamor que um negro fora picado nas panturrilhas por uma cobra malsã, daquelas de cruz na testa e já pediam velas à Velha para encomendar sua alma e diziam: "Nhanhã avisou!".

Ouvi a voz de Natanael falando: "Natália o veneno ainda não se espalhou, corte em cruz e aperte e lave com aguardente aquecida para sangrar muito que o negro escapa que não chegou sua hora."

Pus-me a fazer o que dizia a sombra e não queriam deixar-me, dizendo que Nhanhã anda meio ensandecida mas o sangue que a princípio saía preto pôs-se a sair vermelho e achei graça que o sangue dos negros tem a mesma cor do nosso.

Dei-lhe a beber muito chá para que vertesse muitas águas e a peçonha se fosse com elas.

O negro se recompôs e agora já anda e come mas muitas pessoas vêm me ver e me acham santa que já curei um menino que trazia o pé disforme e na verdade a mãe é que era lesa que não via o estrepe que lá havia fincado, mas de nada valeu dizer-lhe que ela repetia que Nhanhã é santa.

E agora eu ando afogueada com gentes que vêm ver-me e pedir conselhos e por vezes Natanael me diz o que fazer mas quando a pergunta é vã ele fica calado e agora mando embora os que têm cobiça nos olhos, como um homem que me veio indagar se os anjos lhe aconselhavam que comprasse vacas ou cabras. Botei-o fora dizendo que aos anjos pouco fazia já que não bebem leite.

André João escreveu-me que parasse com tais bruxedos que em nada lhe agradam e morreria de vergonha se no colégio alguém soubesse, e que não crê que seja a sombra de Natanael quem me inspira que afinal era ele um pastor da Santa Madre Igreja, se bem que meio leso pois negou o que jurara por uma mulher, e embora essa mulher fosse sua mãe que ele muito respeita, isso não era direito.

André João nunca escreve o que pensa de seus próprios miolos mas o que dizem os padres e acho que ele não ouviria nem se Natanael falasse a ele próprio.

Mandei a Velha dizer ao povaréu que estava doente e tranquei-me na alcova, que já não tolero todos que aqui vêm ter e só respondo aos que são doentes ou muito tristes. Mas hoje não vi Natanael e sim Pai Velho que disse "o Sinhô abençoe Nhanhã" e eu chorei que se ele lá estava é que estava morto e ele concordou mas falou que mesmo defunto era bem vivo e que vinha me pedir que perdoasse Francisco que sofria muito. Eu disse que nunca, nem ele nem Pai que eram maus, mas Pai Velho disse que Francisco o ajudou na hora da morte contra a vontade de Pai que mandara pôr Pai Velho ao tronco porque não lhe previra o granizo que lhe pôs a perder a cana.

Pai espumou de ódio que Francisco soltou Pai Velho mas não adiantou que ele estava muito fraco e morreu do castigo, mas Francisco cuidou dele e comprou a alforria de SáLuana e ela se embrenhou no mato e ninguém mais lhe pôs os olhos. Pai Velho sumiu e fiquei sozinha na alcova e peguei a pena e escrevi a Francisco que lhe perdoava mas que não me procurasse, que só depois de uns dois séculos se tanto durasse a vida poderia eu falar-lhe como irmão, mas que morresse em paz quando chegasse sua hora que eu não desejava mais vê-lo nos infernos, mas esperava que Pai fosse lá bem para as profundas que era o seu lugar, que na verdade foi tudo por causa dele.

Ando muito magra e parece que os olhos me tomam metade da cara mas até me acho bonita que a febre dá-me cores. A Velha achou melhor que viesse ficar à casa de Simone que ela quer dar brilho à casa, que André João está por chegar e parece que ele é ilustre visita e não um fedelho dado à luz por lá.

Concordei, que as lides da Velha levantam poeiras e fico aos esturros e quando André João chegar da Bahia venho a casa com ele.

Simone é meio lesa e se é de sua vontade chama-me a sair a passeio e se não é tranca-se a ferrolho por horas a fio e ninguém lhe bota os olhos. Por vezes tenho vontade de falar-lhe cousas feias, como no dia em que me fez subir os degraus aos pares a acudir seus gritos de que seu sangue se esvaía todo por um ferimento e fui encontrá-la com o anular picado por um broche de coralina.

André João chegou hoje e antes mesmo de tomar-me a bênção começaram os arrufos com Simone que mal o viu berrou que lá vinha a larva de padre e ele respondeu que não compreendia, e se tal senhora não poderia tirar as favas da boca antes de falar. Tenho a cabeça em brasas de tudo que se falaram e fizeram, até o rebuliço na ceia onde a compota de Simone surgiu cheia de pimentas e as pernas da cadeira de André João estavam serradas.

Saímos hoje a passeio, Simone, André João e eu e mais dois negros espadaúdos para guardar-nos e vimos então grande tumulto e muitas gentes que rodeavam algo e fomos indagar e disseram ser uma tal de má-vida, bêbeda e doente que agonizava no passeio e gritei que era Rosalva e quis socorrê-la mas diziam que mulher direita não haveria de tocá-la mas empurrei a todos e fui a ela e quiseram segurar-me, mas Simone veio comigo com uma adaga que puxara das anquinhas e abriu-se uma clareira e ordenei aos negros a levassem ao barracão e lá quis tratar dela que delirava.

Vi que estava já meio do outro lado e me perguntava por Negro Álvaro, se era verdade que agora era bandido e se sabia por onde andava. André João, que antes a chamava minha tia prometeu ir atrás de Negro Álvaro, nas Minas Geraes onde se dizia que andava, a fazê-lo largar a vida de crimes em que se afundara.

Rosalva morreu quando o primeiro galo cantou e Simone mandou que a levassem a enterrar no cemitério dos negros, que não haviam de querê-la em outra parte e eu tive febres que queria ter feito qualquer cousa e ouvi Natanael dizendo: "Natália traga Negro Álvaro de volta ao caminho reto e Rosalva vai ficar feliz" mas não sei o que posso fazer que não sei onde anda Negro Álvaro e nem posso ir atrás que estou fraca como um gato sem mamar e André João disse que vai mas que não gosta de bandidos.

Simone mandou que nos lamentássemos à meia-voz que as lamúrias lhe pioravam a horrível dor de cabeça que sentia e queria dormir e sonhar em paz.

Hoje fiquei com os sopros, tal a cena que tivemos. Simone pôs-se a zombar de André João que anda sempre com um caderno e pena em punho anotando seus propósitos.

Ela disse que não sabia o que valia escrevinhar tanto e nada fazer e ele disse que ela nunca decidia nada de bom e por isso não escrevia e Simone disse que era sincera a ponto de não escrever mentiras. Tomou-lhe o tomo das mãos e pôs-se a zombar de trechos em que ele dizia que não mais se irritaria e que a partir de amanhã não adiaria suas atitudes.

A Negrinha pôs-se a rir e Simone lhe disse nas fuças que não cabia aos negros rirem-se dos brancos e eu não gostei, e disse que negro é gente e mais que a Negrinha é forra e aprendeu com a Velha a escrever e contar, e Simone disse que dava graças aos deuses por não pertencer a família tão sonsa.

André João a esconjurou por falar nas divindades pagãs e ela respondeu que suas avós dançaram nuas nos equinócios e o verdadeiro poder estava nas mulheres e não nos padres, que nem eram homens e sim meio homens, já que usavam saias mas dos colhões não faziam uso.

Eu lhe gritei que se calasse, que André João era criança para ouvir tais coisas e ela me gritou nomes que meu professor de francês jamais ensinara e saiu batendo a porta com tal estrondo que quase a arranca dos gonzos.

André João correu a arrumar seus pertences e disse que não mais ficava em lugar tão ímpio e voltava à Bahia.

Pedi-lhe que fosse comigo à casa despedir-se dos velhos que são como avós e voltamos sem ver Simone que se pusera a ferrolhos na alcova.

André João ganhou umas boas onças com as quitandas da Velha e anda atrás do Velho que lhe conta cousas das vidas das formigas e da posição das estrelas.

Só não tem sossego porque não há bolso em que não encontre papeletas com garatujas suas em atitudes grotescas como em trajes de frade pregando a um bando de demônios ou com orelhas de rato devorando uma enorme Bíblia. André João pica em mil faíscas as tais papeletas, para desgosto do Velho que queria guardá-las todas por achá-las de grande espírito.

Veio hoje o pajem do sr. de Cachoeira buscar André João de volta à Bahia e ele se foi e fiquei triste porque não sei se torno a vê-lo que ando botando muito sangue pela boca, mas o boticário disse que não são os bofes e então não entendo o que seja.

Quando André João se despediu achei que a sombra de Natanael estava mais próxima de mim que o corpo vivo dele.

O pajem trouxe também uma carta que me deixou triste e que dizia que Francisco encontrou a morte pelas próprias mãos e eu não sei se recebeu a minha carta. Não queria mais lhe botar os olhos mas não queria que morresse assim, que fiquei lembrando que folgamos juntos na infância e a culpa de tudo foi de Pai que lhe botava fogo às orelhas para que casasse comigo a fim de dividir as herdades, e acho que se Pai não fosse tão ruim eu não fazia tanto gosto em contrariá-lo e tinha casado com Francisco.

Simone veio hoje visitar-me porque lhe apeteceu e pôs-se a ler meus escritos como se fosse dona deles e gostou, e disse que se encontrava melhor com a pena para desenhar do que para escrever, o que era uma perda já que a vida dela era bem melhor que a minha e ela disse que era pena que a história ia ficar sem fim que eu não poderia contar a minha morte, e eu lhe pedi então que ela contasse e ela disse que talvez fizesse isso. Pedi também que se morresse, enterrasse comigo o medalhão com o retrato de Natanael e ela respondeu que os vermes não comem ouro mas que ia pensar.

Veio hoje Maria Rita, que eu nunca mais tinha visto, dizer que tinha uma notícia ruim e era que Pai tinha morrido. Que Deus me perdoe que eu não achei muito triste mas devia, que era meu Pai mas senti mais quando foi Francisco que depois de morto parece que ficou meu amigo.

Maria Rita contou que Pai foi apunhalado por um negro de quem ele vendeu a mulher prenha e a filha pequena e ficou no tronco para não impedir. Mas o negro escapuliu e dizem que foi SáLuana quem soltou e encontrou Pai lá nos barrancos onde tem a lama preta com gordura e que rolaram naquela pretura até que o negro lhe rasgou a garganta e acho que foi bem feito que Pai morreu preto como os escravos que ele detesta e Maria Rita disse que nem lavando o negrume saiu e assim foi ele levado à tumba mas só depois de três dias e três noites, que os dragões nem podiam chegar perto do Engenho tal a festa de batuques e umbigadas que os negros fizeram e depois botaram fogo em tudo e sumiram que acho que iam virar quilombolas.

Maria Rita disse que me queriam lá a tomar posse de tudo que não tenho mais irmãos e nem marido e mandei uma carta ao meirinho que cuidasse de tudo e deixasse todo o legado para André João, que eu lá não mais botava o pé e que separasse uma quantia a Maria Rita para que os meninos dela que já são quatro tivessem um futuro.

E dei ordem que me mandasse carta de todos os negros foragidos para que fossem por ora forros e os dragões não os caçassem mais, mas isso quem me mandou fazer foi a sombra de Natanael que tinha a sombra de Ingá no colo.

Simone que vinha chegando achou que eu era lesa de dar tanta trela a cousas de negros mas que fazia bem porque Pai havia de dar urros de raiva lá nas profundas.

A Velha não tem deixado entrar todos os que vêm me perguntar cousas — só os que estão doentes, porque ando pondo muito sangue pela boca. A sombra de Natanael me ensina as ervas que devo mandar ferver para que se curem e às vezes perguntam pelos mortos.

Mas estou muito fraca e passo os dias esquentando sol a tremer de febre e todos dizem que Nhanhã está linda mas acho que é a luz da sombra de Natanael.

Gil de Medeiros veio me ver e ficou triste e não me deixou romper o compromisso que ele sabe que não viverei para cumprir mas fingiu que está esperando, que é moço de coração exaltado e alma limpa.

Simone vem por vezes lá pela Ave-Maria e fala cousas de França e não me pergunta pela saúde mas o Velho disse que se ela se abala até aqui é porque me tem afeição.

O Velho escreveu a André João que viesse ver a mãe que ia mal e ele respondeu que não devia meter-me com cousas do Infiel que isso que me roubava as forças e que viria depois dos exames.

Rebuçado morreu hoje sem um ganido, acho que de velhice que é mais velho que André João. Chorei muito que lembrei de Negro

Álvaro que mo deu e queria saber por onde anda. Se houver um céu para os cães para lá há de ir Rebuçado, mas André João disse que não, que os bichos não são parte direta do Onipotente mas seres aqui postos para nos servir.

Mesmo assim o Velho enterrou Rebuçado e eu lhe botei flores na sepultura mas não uma cruz que a Velha falou que era vitupério.

Simone veio hoje contar que foi pedida em casamento por um primo que é marquês em França e que está decidida a aceitar que o rapaz é muito rico e tem boa figura e é agradável ao trato, que já brincaram juntos em pequenos e ele sempre quis desposá-la e ademais é meio leso e não há de vigiá-la muito e acha que podem se entender desde que ele não se meta a querer ter filhos, que não passam de estropícios que nos deformam o ventre na mocidade e nos abandonam na velhice. E ademais que está cansada desta terra de selvagens e que após a minha morte não lhe sobraria ninguém com miolos para conversar.

A Velha fazia-lhe acenos para que não falasse assim e quis disfarçar dizendo que Nhanhã vai sentir a sua falta mas Simone disse que não se preocupasse, que não embarcaria antes que a doença desse cabo de mim, o que com certeza não levaria muito tempo.

Hoje botei muito sangue pela boca e a Velha achou que eu morria e mandou chamar o padre, que eu não queria que não gosto muito deles desde os tempos do convento.

Ele veio e é até um velho de certas sabedorias e se pega muito conversando com o Velho um a dizer que as estrelas são fixas e o outro a afirmar que elas passeiam pelos céus.

O Padre quis que me confessasse arrependida dessas cousas de falar com os mortos e eu disse que os mortos por vezes diziam menos tolices que os vivos. Ele se benzeu e lamentou que não me fosse ver no céu e eu disse que era triste que ele para lá não fosse.

Eu não queria falar mais, sabia que ainda não era minha hora e fingi umas tosses, e ele me deixou em paz e já ungida mas o Velho não deixou que acendesse vela, afinal ainda estou viva.

Hoje me voltaram um pouco as forças e saí a dar uns passos no terreiro pelo braço de Simone que não pára de falar no tal Marquês e no castelinho que mandou construir para a cadelinha.

Falou-me dos bailes em Versailles onde havia estado antes do primeiro casamento, que ela tem sangue azul nas veias por parte de mãe que fora dama de uma princesa de França.

Disse que se eu não fosse morrer logo me levaria com ela porque precisava de alguém com quem falar e eu comecei a chorar, que ela não era minha amiga e falava da minha morte como quem comenta que o tempo estiou e ela disse que era a mesma coisa, as estações, a vida e a morte, que tudo passa e tudo volta e por isso queria aproveitar que por ora era rica, formosa e inteligente que não sabia o que seria depois.

Gritei que se calasse, que não queria morrer e que ela falava assim porque não era a sua vida e que eu a odiava, mas de raiva comecei a botar sangue pela boca e tive de voltar a casa.

Simone não se abalou e depois me deu um retrato que fizera de André João e mandou que o Velho pendurasse na parede onde eu pudesse olhar já que achava que ele não viria me ver a tempo.

A Velha chora muito porque sabe que não vou viver muito e mesmo o Velho anda meio leso e até esquece de botar os torrões às formigas.

André João escreveu que vai haver trezenas pelo jubileu do Colégio e só depois virá e que eu me livre dos gatos que há de ser alguma peste que contraí deles e eu escrevi que os gatos com certeza hão de comparecer ao meu enterro e que aproveite a trezena para mandar dizer minha missa de nojo.

Hoje acordei pela madrugada com grande estardalhaço e a Velha botou-se aos gritos que havia no terreiro um bando de negros mal-encarados e corri meio aos trancos ver o que era.

Eram fugidos que iam rapinando o que encontravam e queriam que o Velho lhes entregasse tudo o que havia e eu senti a sombra de Ingá e pulei na frente deles e gritei: "Parem em nome de N'gumbi!" e quem viu disse que a febre me fazia linda e os olhos pareciam engolir todo mundo.

A negrada estacou e há quem diga que ouviu um trovão mas eu não sei, que não ouvi nada. Foram embora sem nenhum mal e o Velho teve palpitações depois, mas tomou suas mezinhas e sarou.

Só que fiquei mais fraca e mal me sustento nas pernas.

A febre não cede mais e eu não sei o que estou vendo e a pena me roda pelo papel e vejo muita gente, os vivos e os mortos — TiAmélia com focinho de porco chafurdando na lama preta encontrando Pai de garganta rasgada e Zezito pendurado na ponta de uma corda e Simone dançando uma gavota com André João que lhe pisava os pés e a Velha obrigando todos a comerem doces e o Velho a comandar uma infantaria de formigas. Via Rosalva e Negro Álvaro. Vi Francisco e já não tinha raiva dele e sentia o fedor do padre do convento e via a Madre a berrar comigo e eu ria e contava a Maria Rita que já sabia fazer filhos. Via Gil de Medeiros me esperando no altar vazio.

Há muitas luzes como se acendessem mil candeias e as mãos estão dormentes e berrei que me tragam Simone que vejo a sombra de Natanael que me estende as mãos e acho...

    Escrevo, prometi Natalie ela amiga minha muito.

    Morreu de olhos grandes, belle e medalhão não vou mandar enterrar. Não fico funeral vou hoje no bateau até Bahia e depois até France e perco Natalie amiga chérie mas levo retrato.

    O quadro de marido dela fica com velhos e os papéis avec moi.

    Retorno quelque jour pode ser Natalie boa mas un peu drôle la pauvre — chorar e dizer adeus...

    Adieu — ça n'éxiste pas!

    Au revoir Natalie!

    Retorno qualquer dia — Natália pode ser boa, mas é um pouco tola, a pobrezinha — chorar e dizer adeus...

    Adeus — isto não existe!

    Até breve, Natália!